Discover The Keys To Staying Full Of God

by
Andrew Wommack

Discover The Keys To Staying Full Of God
ISBN: 978-1-57794-934-3
ⓒ2008 by Andrew Wommack Ministries - Europe
P.O.Box 4392, Walsall, WS1 9AR, England

Korean, Korea Edition Copyright
ⓒ 2014 by Word of Faith Co.
All rights reserved.

하나님의 충만함 안에 거하는 열쇠

발행일 2014. 5. 26 1판 1쇄 발행
    2025. 9. 29 1판 3쇄 발행

지은이 앤드류 워맥
옮긴이 반재경
발행인 최순애
발행처 믿음의 말씀사
2000. 8. 14 등록 제 68호
우) 18365 경기도 화성시 만년로 915번길 27 B동
Tel. 031) 8005-5483 Fax. 031) 8005-5485
http://faithbook.kr

ISBN 89-94901-55-8 03230
값 14,000원

본 저작물의 저작권은 '믿음의 말씀사'가 소유합니다.
저작권법에 의해 보호를 받는 저작물이므로 무단 전재와 복제를 금합니다.

하나님의
충만함
안에 거하는 열쇠

앤드류 워맥 지음 | 반재경 옮김

믿음의말씀사

| 목차 |

서론 _ 7

제1장 직관적인 계시 _ 15

제2장 무엇을 중요하게 여기는가 _ 25

제3장 "하나님이 나를 사랑하신다!" _ 39

제4장 무엇에다 가치를 두는가? _ 55

제5장 기쁨을 앞에 두라 _ 75

제6장 더 좋은 것은 하나님을 선택하는 것 _ 85

제7장 감사는 하나님을 영화롭게 한다 _ 95

제8장 일깨워 생각나게 하다 _ 103

제9장 하나님의 선하심을 기억하라 _ 117

제10장 상상의 힘 _ 131

제11장 내적인 이미지 _ 145

제12장 당신의 마음을 준비하라 _ 161

제13장 무엇을 보는가? _ 173

제14장 전쟁과 마음 _ 183

제15장 마음으로 살기 _ 197

제16장 하나님께 민감하라 _ 209

제17장 말씀을 묵상하라 _ 225

결론 _ 239

예수님을 구주로 영접하는 기도 _ 244

성령세례를 받는 기도 _ 246

서론

저는 어렸을 때 교회에서 그리스도인은 물이 새는 그릇이라는 설교를 들으며 자랐습니다. 구멍이 숭숭 뚫린 양동이처럼 계속 '리필'을 받아야 한다는 것이지요. 일반적인 그리스도인들의 경험에 의하면 그게 사실인 듯합니다. 하나님께서 우리의 삶을 만지실 때면 우리는 감격하여 어쩔 줄을 모릅니다. 하지만 그게 며칠 갑니까? 얼마 지나지 않아 다시 예전의 그 자리로 돌아와 마음이 허전해집니다. 그러면 또 주님께 뭔가 특별한 것을 구하게 됩니다.

제 집회 때 한 여자 분이 그 어느 때보다도 더 큰 하나님의 사랑을 경험했다고 말했습니다. 하나님의 무조건적인 사랑에 넋이 나간 듯 보일 정도였습니다. 하지만 그분은 이런 결론을 내렸습니다. "보나마나 이 은혜가 오래 못 갈 거야. 오래 간 적이 한 번도 없었으니까. 한 달쯤 지나면 도로 그 자리로 돌아올 걸. 하지만 지금만은 누리자!"

많은 사람들이 이런 모습이지만 주님께서 가르치시는 바는 그렇지 않습니다. 주님은 우리가 수렁에서 수렁으로가 아니라 '영광에서 영광에' 이르게 된다고 하셨습니다(고후 3:18). 항상 몸부림치며 버둥거려야만 하는 것은 아닙니다. 하나님의 말씀에 다음과 같이 약속되어 있기 때문입니다.

> 골짜기마다 돋우어지며 산마다, 언덕마다 낮아지며 고르지 아니한 곳이 평탄하게 되며 험한 곳이 평지가 될 것이요
>
> 이사야 40:4

말씀이 이렇게 약속하기에 우리는 신앙생활에서 일관성을 유지할 수 있어야 합니다. 하나님을 경험함에 있어 소위 '요요현상'을 경험할 필요는 없습니다.

1968년 3월 23일 주님께서 저에게 그분의 사랑을 보여주신 이래로 저는 지금까지 주님께 대한 감격과 흥분 속에 살고 있습니다. 그동안 반대도 많았고 여러 가지 안 좋은 일들이 있었지만, 그런 것들이 하나님께서 말씀하신 것을 앗아가지는 못했습니다. 사탄은 저를 이 길에서 벗어나게 만들려고 최선을 다했지만 저는 주님께서 제 마음에 행하신 일에 대한 기쁨을 한 번도 잃어버린 적이 없었습니다. 실은 그 일이 처음 일어났던 1968년보다 그 기쁨은 지금 실제로 더 강력해졌습니다. 하나님의 사랑에 대하여 받은 계시와 경험은, 처음 하나님과의 경외로운 만남을 통해 삶의 변화를 맛보았던 때보다 지금이 훨씬 더 좋아졌습니다.

대부분의 사람들이 이것을 경험하지 못하고 있다 할지라도 당신은 경험할 수 있습니다. 당신도 일관성 있고 안정된 신앙생활을 누리며 유지할 수 있습니다.

변수는 누구에게 있나?

로마서 11장 29절은 이렇게 말합니다.

하나님의 은사와 부르심에는 후회하심이 없느니라

그러므로 주님은 당신의 삶에서 나타났다 사라졌다 하시는 분이 아닙니다. 때로는 그분의 임재와 기름 부음과 기쁨 및 여러 다른 유익들을 더 강하게 인지하고 느낄 때가 있습니다만 하나님은 이런 경험을 주셨다가 다시 앗아가시는 분이 아닙니다. 그러나 이것을 이해하는 사람들이 그리 많지 않습니다.

대부분의 그리스도인들은 하늘을 향하여 퍼부어댑니다. "오 하나님, 뭐가 잘못된 것입니까? 저의 삶을 다시 만져 주세요. 하나님께서 새롭게 만져주시길 원합니다. 주님, 오늘 저의 삶에 오셔서 뭔가 새로운 일을 행하여 주시옵소서!"

당신이 그렇게 기도한다면 그것은 하나님을 모욕하는 것이 됩니다. 감정이 메마르고 공허함을 느낄 때, 또는 평안이나 기쁨을 잃을 때, 그것을 당신에게서 빼앗아가는 존재가 바로 하나님이라고 단정하는 것이기 때문입니다. 절대 그렇지 않습니다!

일단 당신이 거듭나면 당신을 향한 하나님의 마음은 절대로 변하지 않습니다. 하나님께서는 언제나 그분의 임재, 축복, 기름부음, 기쁨, 치유, 형통 및 하나님의 모든 것을 당신의 삶 가운데 풀어놓아 주십니다. 주님은 결코 변함이 없으시지만, 당신은 변합니다. 하나님의 충만함에 거하는 법을 저와 함께 살펴보기 전에 이것을 반드시 이해해야 합니다.

오늘날 대중적인 가르침은 다음과 같습니다. 당신이 하나님의 사랑과 평안과 기쁨 가운데 행하지 않는 이유는 당신이 하나님의 마음을 상하게 하는 일을 했기 때문이라는 것입니다. 그래서 하나님을 '기쁘시게' 해드림으로 하나님의 능력이 다시 당신의 삶에 흘러가도록 만들기 위해서 당신이 해야 할 일에 중점을 둡니다. 그러나 이것은 전혀 사실이 아닙니다. 왜냐하면 주님은 당신에게서 떠나신 적이 없기 때문입니다.

하나님은 변하지 않으십니다. 당신이 변합니다. 그러므로 지금 제가 나누려고 하는 내용은 어떻게 당신이 자신을 고칠 수 있는지 그 방법에 집중할 것입니다. 이것은 어떻게 천국 문을 공격해서 하나님으로 하여금 뭔가를 하시도록 '만드는' 방법에 관한 것이 아닙니다. 하나님께서는 이미 주 예수 그리스도의 죽음과 장사됨과 부활을 통하여 모든 것을 다 행하셨습니다. 하나님은 당신이 원하는 것보다 훨씬 더 당신이 많은 복을 받기를 원하십니다!

당신이 원하는 만큼의 충만함

당신은 지금 당신이 하나님으로 충만하다고 믿을 수 있는 분량만큼 하나님으로 충만합니다. 당신이 얼마나 사랑과 기쁨과 평안으로 충만한가는 하나님이 결정하지 않습니다. 당신이 결정하는 것입니다. 하나님께서는 언제나 모든 사람이 치유받고, 자유케 되고, 형통하기를 원하십니다. 당신의 삶에서 움직이지 않는 분은 결코 주님이 아니십니다. 당신이 주님으로부터 받지 못하고 있는 것입니다. 그렇기 때문에 어떻게 받는지 그 방법을 알려드림으로 당신을 격려하고 싶습니다.

당신이 지금 어디에 있든지 당신 주위에는 텔레비전 전파가 있습니다. 당신이 그것을 인식할 수 없을지는 몰라도 그것은 분명히 존재합니다. 당신이 플러그를 꽂고 전원을 켜고 TV를 조정하면 그 신호를 잡을 수 있습니다. 당신이 화면의 영상과 소리를 경험하기 위해 수신기를 켜는 순간 방송이 시작된 것이 아닙니다. 당신이 그때 수신을 시작한 것뿐입니다.

주님과의 관계도 그렇습니다. 하나님께서는 치유가 필요한 사람들을 다 치유하십니다. 하나님은 사랑과 기쁨과 평안을 끊임없이 당신에게 주고 계십니다. 천국의 송신기는 일 년 365일 내내 전파를 내보내고 있습니다. '하나님은 내게만 복을 안 주셔.' 라고 한다면 틀린 말입니다. 수신기를 꺼두었거나 조정하지 않은 것은 바로 당신입니다.

저 역시 부흥을 원합니다. 그러나 대부분의 사람들이 추구하는 방법으로는 부흥이 일어나지 않을 것입니다. "오 하나님, 부흥을 주옵소서!"라고 기도하고는 우리가 얼마만큼 부흥을 경험하느냐가 하나님께 달려있다고 믿는다면, 그것은 잘못된 것입니다. 우리나라에 하나님의 능력과 성령의 부어주심이 많지 않은 것은 하나님의 잘못이 아닙니다. 오순절 날 이후로 하나님께서는 믿는 자들에게 성령을 부어주시는 일을 그치신 적이 없습니다. 다만 우리가 썩 좋은 수신기가 못 되었던 것뿐입니다. 우리의 삶에서 하나님의 능력과 축복을 방해하는 자들은 바로 우리입니다. 주님께서는 세계 곳곳에서 대대적으로 부흥이 일어나길 원하십니다. 주님께서는 모든 사람이 구원받기를 원하십니다. 하지만 우리가 주님을 향해 스위치를 켜고 다이얼을 맞추고 있지 않기 때문에 우리가 마땅히 받아야 할 것을 받지 못하고 있는 것입니다.

당신의 수신기를 고치라

"오 하나님, 당신의 송신기를 고치세요! 오, 주님 왜 부흥을 주시지 않습니까? 도대체 왜 그러십니까? 이제는 신경도 쓰지 않으시나요? 그렇다면 우리가 수많은 사람들을 동원하여 금식하고 기도해서 당신의 팔을 비틀어서라도 뭔가를 하시도록 해야 될 것 같습니다." 이 얼마나 불경건한 태도입니까!

"주님은 미국에게 노하셨습니다. 지금은 저 위 천국에서 팔짱을 끼신 채 얼굴을 찡그리며 이렇게 말씀하십니다. '너희들이 땅에 머리를 박고 좀 더 많이 회개하지 않으면 나는 너희를 위해 어떤 일도 하지 않을 것이다.'" 그렇지 않습니다! 그런 말을 하는 사람들은 하나님이 좋으신 분이라는 것을 실제로는 믿지 않기 때문에 그런 말을 하는 것입니다.

지금 제가 하는 이런 주장들은 많은 교회들에서 저를 쫓겨나게 할 만한 이야기들입니다. 부흥을 애걸하고 하나님께서 움직이시도록 간청하는 것은 오늘날 미국의 기독교에서 흔히 볼 수 있는 태도요 행습입니다. 그러나 당신이 알아야 할 것은 우리 하나님은 어떤 것도 움켜쥐고 계시는 분이 아니라는 것입니다. 하나님은 예수 그리스도께서 그의 죽음과 장사됨과 부활을 통하여 공급해 놓으신 모든 것을 우리에게 송출해 주시는 분입니다.

만일 당신이 지금 하나님으로 충만해 있지 않다면 그것은 당신이 그것을 선택했기 때문입니다. 하나님의 충만함을 유지하고 싶은 강력한 소원은 있었겠지만 하나님의 사랑과 기쁨과 평안과 치유와 형통 및 여러 축복들을 받지 못하고 그것들이 나타나지 못하게 하는 선택을 한 것은 당신입니다. 그렇지만, 좋은 소식이 있습니다.

하나님의 말씀은 우리의 수신기를 고치기 위해 우리가 할 수 있는 것 네 가지를 알려줍니다. 그런 이유로 이 책을 쓰게 되었습니다.

제 1 장
직관적인 계시

내가 복음을 부끄러워하지 아니하노니 이 복음은 모든 믿는 자에게 구원을 주시는 하나님의 능력이 됨이라 먼저는 유대인에게요 그리고 헬라인에게로다 복음에는 하나님의 의가 나타나서 믿음으로 믿음에 이르게 하나니 기록된바 오직 의인은 믿음으로 말미암아 살리라 함과 같으니라

로마서 1:16-17

이 복음이라는 단어는 파격적인 용어입니다. 성경 이외의 문학에서는 '유앙겔리온(euaggelion, 영어로는 gospel로 번역됨)'이라는 헬라어가 그리스 문학 작품에서 사용된 예는 딱 두 번 뿐입니다. 과대하게 최상급으로 표현하는 단어이기 때문입니다. 이 단어의 의미는 그저 좋은 소식 그 이상입니다. 너무 좋아서 믿기 어려운 소식, 즉 '희소식'을 의미합니다. 예수님께서 오시기 전까지는 사실 너무 좋아서 믿기 어려운 소식이 별로 없었기 때문에

이 단어는 거의 사용되지 않았던 것입니다.

그러나 예수님께서 오시자 사람들은 예수님이 전하고 보여주시는 것들을 가리켜 복음gospel이라는 단어를 사용하기 시작했습니다. 하나님은 사람들을 심판하지 않으십니다. 하나님은 더 이상 화도 내지 않으십니다. 예를 들면, 주님께서는 간음하다가 현장에서 잡힌 여자에게 자비를 베푸셨습니다(요 8:3-11). 그리스도의 메시지와 그분이 사람들을 무조건적으로 사랑하신 모습은 사실이라 하기엔 너무 좋았던 것입니다!

예수님 당시의 유대인들은 매우 종교적이었습니다. 그들은 행위 중심이고, 업적에 기반을 두었으며, 율법적이고, 정죄하는 종교 체계 하에서 양육을 받았습니다. 그러므로 그들은 누구든지 참된 복음을 전하면 핍박을 하였습니다. 왜냐고요? 주 예수 그리스도를 믿음으로 말미암아 은혜로 구원을 받는다는 복음은 사실이라고 하기에는 너무나 좋은 소식이었기 때문입니다.

그래서 바울이 복음, 즉 사실이라고 하기에는 너무 좋은 주님의 무조건적인 사랑이 사람들의 삶을 변화시키는 하나님의 능력이라고 말했을 때 당시 종교적인 사람들은 즉각적으로 이런 반응을 보였습니다. "글쎄, 그렇다면 하나님의 진노는 어떻게 된 건가? 사람들에게 지옥이 존재하고, 하나님은 의로우시며, 하나님이 사람들을 지옥에 보내신다는 것을 알려줘야 해! 두려움을 이용해서 사람들에게 겁을 주어 지옥에 가지 않도록 말이야." 그것이 그 당시의 종교적인 개념이었습니다.

하나님의 인자하심

지옥은 실제 존재하는 장소이고 저도 사람들에게 지옥에 대해 얘기합니다. 주 예수 그리스도를 믿지 않는 자들이 지옥에 가는 것은 그들이 그것을 선택했기 때문입니다. 그럼에도 불구하고 그것이 기독교의 핵심 메시지는 아닙니다. 그것이 진리이긴 하나 좋은 소식은 아닙니다. 전혀 복음이 아닙니다.

사람들을 회개에 이르게 하는 것은 지옥에 대한 두려움이 아니라 하나님의 인자하심입니다(롬 2:4). 그러나 미국 교회들의 메시지는 오랫동안 "예수를 믿으시오. 그래야 지옥에 가지 않습니다." 이었습니다. 그것은 잘못된 메시지입니다. 그것이 참된 메시지이지만, 복음은 아닙니다. 진정으로 하나님의 능력을 풀어놓고 수많은 사람들을 하나님께로 이끄는 좋은 소식이 바로 복음입니다. 그 소식이란 하나님은 좋으신 분이며 당신을 사랑하신다는 것입니다. 그리스도의 속죄로 말미암아 당신의 풍성한 삶에 필요한 모든 것은 저 천국과 지금 여기 이 땅에 이미 공급되어 있습니다. 이제 당신이 해야 할 일은 믿고 받는 것입니다. 이것이 우리가 전해야 하는 메시지입니다.

복음을 더 깊이 있게 연구하기 원하시면 그것은 로마서에 잘 계시되어 있으며, 저의 책 「하나님의 능력인 복음 The Gospel : The Power of God」을 읽어보시기 바랍니다.

자동 유도 장치

"그러면 앤드류 목사님, 하나님의 진노는 어떻게 되는 겁니까?" 바울이 로마서 1장 18-20절에서 이렇게 말했습니다.

하나님의 진노가 나타나나니

로마서 1:18

이렇게도 말할 수 있을 것입니다. "하나님의 진노는 이미 나타났다." 바꾸어 말하면, 당신이 하나님의 진노를 전할 필요가 없는 이유는 사람들이 마음 가운데 이미 그들이 하나님과 바른 관계에 있지 않다는 것을 알고 있기 때문입니다. 그렇기 때문에 죽음을 두려워하는 것입니다. 마음으로는 그들의 영생이 위태롭다는 것을 알고 있으며 하나님과의 관계에 대해 확신이 없습니다.

하나님의 진노가 불의로 진리를 막는 사람들의 모든 경건하지 않음과 불의에 대하여 하늘로부터 나타나나니 이는 하나님을 알 만한 것이 그들 속에 보임이라 하나님께서 이를 그들에게 **보이셨느니라**(과거시제)

로마서 1:18-19

이 말은 창조주께서 그의 피조물 안에 자동 유도 장치를 설치해 두었다는 뜻입니다. 이 땅에서 숨을 쉬고 사는 모든 인간의 마음속에는 하나님의 존재를 인식하는 직관적인 계시가 있습니다. 이렇게 주장하는 사람도 있을 것입니다. "아, 아닙니다. 그건 그렇지가 않습니다. 나는 하나님이 있다는 것을 믿지 않습니다. 하나님을 느끼지 못합니다. 하나님에 대한 확신도 없고, 전혀 하나님을 자각하지 못합니다. 하나님은 한 번도 나에게 다가온 적이 없습니다. 나는 철저히 하나님을 인정하지 않습니다." 그들은 새빨간 거짓말을 하고 있는 것입니다! 어떻게 아느냐고요? 저는 사람들의 말보다 하나님의 말씀을 더 믿기 때문입니다.

제가 베트남전에 미군 병사로 복무할 때 동료들이 제게 이렇게 말했습니다. "나는 무신론자야. 하나님을 믿지 않아." 그러나 일단 폭탄이 떨어지고 탄환이 빗발치듯 날아들기 시작하면 자칭 그 '무신론자들'은 자기들이 믿지도 않는다는 이 하나님의 이름을 부르며 살려달라고 목청껏 소리를 질러댔습니다.

사실은 숨을 쉬고 있는 모든 사람은 하나님의 존재에 대한 계시를 가지고 있습니다.

핑계하지 못할지니라

20절은 이어서 말합니다.

창세로부터 그의 보이지 아니하는 것들 곧 그의 영원하신 능력과 신성이 그가 만드신 만물에 분명히 보여(희미하게 혹은 모호하게가 아니고 분명하게 보여) 알려졌나니 그러므로 그들이 핑계하지 못할지니라

어느 누구도 하나님 앞에 서서 이렇게 말하지 못할 것입니다. "하지만 나는 한 번도 들어본 적이 없어요. 하나님의 존재를 정말 몰랐어요!" 설령 그들이 누가 전하는 말을 들어보지는 못했다 할지라도 그들은 이 내적인 증거를 이미 가지고 있습니다. 그러므로 그들은 자신들이 가진 이 계시에 대해 책임을 져야 할 것입니다. 이 말은 또한 모든 사람에게 적용됩니다.

무신론자들이 "나는 하나님을 믿지 않아요."라고 말할 때에도 저는 그들이 마치 믿는 자들인 것처럼 그냥 스스럼없이 이야기합니다. 그들은 이렇게 말합니다. "말씀드렸잖아요. 저는 하나님을 믿지 않아요." 그러면 저는 이렇게 대답합니다. "네, 들었어요. 하지만 그건 사실이 아니에요. 당신은 거짓말을 하고 있어요." 저는 하나님을 믿지 않는다고 주장하던 수많은 사람들에게 늘 이와 같이 말했습니다. 대화 도중 어느 단계가 되면 이미 하나님에 대한 계시를 가진 이 사람들에게 그 부분을 찔러주면서 대화를 마무리합니다. 그러면 그들은 갑자기 마음을 열고 그것을 인정하기 시작합니다.

시편 46편 10절은 말합니다.

너희는 가만히 있어 내가 하나님 됨을 알지어다

당신이 잠잠하면 이 자동 유도 장치의 소리를 들을 수 있습니다. 다른 데 정신이 팔리지 않는다면 이 자동 유도 장치는 당신을 하나님께로 이끌어갈 것입니다. 구원받기 전, 사람들이 가만히 잠잠하기를 싫어하는 이유는 바로 그 때문입니다. 그중에서도 특히 그들은 그것을 가리켜 '따분하다' 혹은 '외롭다'고 표현해 버립니다. 다른 말로 아무리 그것을 설명하려고 해도 사실 그들 마음에 말을 하는 것은 바로 이 자동 유도 장치입니다.

이 자동 유도 장치가 뭐라고 말하냐고요? "이게 옳지 않다는 것 너도 알잖아. 너 이런 식으로 살면 안 돼. 삶에는 이보다 더 의미 있는 것들이 많아. 나는 어디서 왔지? 나는 어디로 가는 거지? 누가 나를 만들었지?" 이 소리를 잠재우고 무시해 버리고자 그들은 온통 라디오와 TV에 몰두하여 눈과 귀를 막아버립니다. 뭔가로 끊임없이 자신을 바쁘게 만들어서 이 소리를 무시합니다. 그렇게 하지 않으면 이 자동 유도 장치가 그들에게 말을 걸어 찔림을 주기 때문입니다.

점진적인 단계

모든 사람은 하나님에 대한 이 계시를 이미 가지고 있습니다.

그것을 가지고 태어났고, 그것은 평생 당신과 함께 합니다.

그러나 로마서 1장 21절부터 그 나머지는 하나님을 아는 이 직관적인 지식이 당신을 본향인 하나님께로 이끌어가지 못하도록 방해하거나 감소시키는 점진적 단계들을 보여주고 있습니다. 당신의 마음이 오랜 기간에 걸쳐 너무도 많이 굳어져서 더 이상 이 자동 유도 장치, 즉 이 하나님에 관한 계시가 들리지 않는 곳에 이를 가능성도 있습니다. 로마서 1장 21절 이후는 이 계시에서 멀어지는 점진적 단계들에 대해 설명하고 있습니다.

당신이 이 책을 읽고 있는 것으로 미루어 보아 이미 주님을 영접하신 분일 것입니다. 그러므로 당신의 마음에 있는 하나님에 관한 그 직관적인 지식에서는 떠나지 않은 것으로 보입니다. 그러나 이 원리는 하나님께서 당신의 삶 속에서 행하시는 모든 일에 적용됩니다. 주님께서 당신의 삶에 행하신 일의 유익들을 다 상실하려면 하나님으로부터 멀어져 가는 이 네 가지 단계를 다 밟아야 합니다.

로마서 1장 21절의 이 네 가지 열쇠는 당신이 하나님에게서 멀어지는 단계이면서 동시에 반대로 했을 때는 하나님께로 가까이 가는 단계라고 할 수 있습니다. 주님의 기쁨을 예로 들어봅시다. 어쩌면 당신의 삶 속에 주님의 기쁨이 이전 같지 않을 수 있습니다. 하나님의 사랑을 알긴 하지만 이전처럼 그 사랑을 경험하지 못하고 있다면 이렇게 하나님으로부터 멀어지게 된 단계가 있습니다. 그 단계들은 또한 당신이 하나님께로 돌아가기 위해 밟아야 하는 단계와 동일합니다.

또 예를 들어 치유에 대한 계시라고 해봅시다. 당신은 전에 치유를 받은 적이 있으나 지금은 그 치유를 잃어버린 것처럼 이전의 그 자리로 되돌아가 있습니다. 그러나 그것은 하나님께서 치유의 능력을 보내다가 멈추신 게 아닙니다. 당신이 받는 것을 멈췄을 뿐입니다. 로마서 1장 21절에 나와 있는 다음의 네 가지 중에서 적어도 한 가지를 한 것입니다.

네 가지 열쇠

로마서 1장 22절부터 그 나머지를 계속 살펴보면 다른 중요한 진리들을 많이 끌어낼 수 있습니다. 그러나 여기서는 21절에 나타나 있는 하나님의 충만함을 유지하기 위한 네 가지 열쇠에 집중하려고 합니다.

하나님을 알되, (1) 하나님을 영화롭게도 아니하며, (2) 감사하지도 아니하고, (3) 오히려 그 생각이 허망하여지며, (4) 미련한 마음이 어두워졌나니

로마서 1:21

이 구절에 있는 대로 부정적으로 표현된 네 가지 열쇠는 다음과 같습니다.

1. 그들은 하나님을 하나님으로서 영화롭게 하지 않았다
2. 감사하지도 않았다
3. 그들의 생각 imaginations ; 상상이 허망하여졌다
4. 그들의 미련한 마음이 어두워졌다

이 네 가지 열쇠를 긍정적으로 표현하면 다음과 같습니다.

1. 하나님을 영화롭게 하라
2. 감사하라
3. 당신의 생각 imaginations ; 상상의 힘을 인정하라
4. 좋은 마음을 가지라

매일의 삶에서 이상 네 가지 점진적 단계를 어떻게 밟느냐가 하나님의 충만함 안에 거하는 비결입니다.

제 2 장

무엇을 중요하게 여기는가

하나님께서 당신의 삶에 역사하시면 사탄은 즉시 와서 그것을 앗아갑니다(막 4:15). 그는 주님께서 당신에게 주신 것이 무엇이든, 계시이든 축복이든 치유이든 간에 당신이 그것을 지키고 유지하는 것을 원치 않습니다. 원수가 이렇게 하는 것은 당신이 하나님을 영화롭게 하지 못하도록 하려는 것입니다. 만일 당신이 하나님을 하나님으로 높여드리는 일을 그만둔다면, 즉 하나님께서 당신의 삶에서 행하신 일로 인해 하나님께 영광 돌리기를 그만둔다면, 당신은 그 계시와 축복과 치유 등 모든 것을 잃어버릴 것입니다. 당신의 기쁨과 평안이 감소하는 것 같을 것입니다. 그러나 당신이 하나님을 영화롭게 하고 하나님께서 당신의 삶에 행하신 일로 인해 하나님께 영광 돌리기를 멈추지 않는다면 당신은 그것을 절대로 잃어버리지 않을 것입니다. 그리고 그것은 증가할 것입니다.

그렇다면 하나님을 '영화롭게 한다'는 것은 무슨 뜻일까요?

처음 이 질문에 부딪혔을 때 스트롱Strong 성구 사전을 찾아보았습니다. 로마서 1장 21절에서 '영화롭게하다' 라는 헬라어는 '영광스럽게 여기다(혹은 존중하다)' 라는 뜻입니다. 그러나 그 정의 자체로는 그다지 도움이 되지 않았습니다.

그래서 사전에서 '여기다' 와 '존중하다' 두 단어를 찾아보았습니다. 제가 '존중하다' 라는 단어의 정의를 보고 있었을 때 하나님께서 제 눈을 열어 이 진리를 알게 하셨습니다. '존중하다' 란 '가치 있게 여기다, 높이 평가하다, 소중히 여기다' 란 뜻입니다.

당신은 모든 것에 어떤 가치를 부여합니다

하나님께서 당신의 삶에 어떤 일을 행하시면 당신은 그것에 특정 가치를 부여합니다. 하지만 사탄은 즉시 그 가치를 대적하며 대항을 합니다. 그는 당신이 하나님이 하신 일에 내린 평가와 가치를 앗아가려고 합니다. 이 일은 모든 사람에게 적용됩니다.

이 책을 읽고 나서도 똑같은 일이 일어날 것입니다. 어떤 사람들은 이것을 읽고 받아들일 것입니다. 그러나 받아들이지 않는 사람들도 있을 것입니다. 어느 쪽이 됐든, 당신이 배우고 있는 것에 어떤 가치를 부여하고 있는 것입니다.

너희가 우리에게 들은 바 하나님의 말씀을 받을 때에 사람의 말로 받지 아니하고 하나님의 말씀으로 받음이니 진실로

그러하도다 이 말씀이 또한 너희 믿는 자 가운데에서 역사
하느니라

데살로니가전서 2:13

어떤 분은 이렇게 말할 것입니다. "이 책을 통해 하나님께서 제게 말씀하셨습니다." 하지만 "그건 그저 앤드류 워맥이라는 사람이 하는 소리일 뿐이야"라고 결론 내리는 사람들도 있을 것입니다. 그리고 나서 당신은 어떤 평가를 내릴 것이고 그 평가에 따라 그 진리가 당신의 삶에 영향을 미치거나, 미치지 않거나 할 것입니다.

당신은 당신의 삶에 일어나는 모든 일에 어떤 가치를 부여합니다. 그러면 즉시 마귀가 와서 당신이 하나님에 대해 내린 평가와 하나님의 말씀에 대해 내린 평가, 그리고 하나님께서 당신의 삶에서 행하신 일에 대해 내린 평가를 공격할 것입니다.

당신의 선택입니다

주님께서 당신에게 그분의 음성을 들려주시며 그분의 무조건적인 사랑을 보여주셨다고 해봅시다. 당신은 그 사랑을 느끼고 경험하면서 이렇게 말할 것입니다. "하나님께서 나를 사랑하셔! 전능하신 하나님께서 나를 사랑하신단 말이야!" 당신은 그 계시와 경험이 가져다주는 평안과 기쁨, 또 그 외에 다른 여러 유익들을 받아

누립니다. 하지만 그 다음 날 마귀는 직장 동료 하나를 부추겨서 당신에게 다가와 속을 뒤집어놓을 것입니다. 그들은 당신이 한 업무를 비난하거나 마귀가 이미 알고 있는 당신의 약점을 건드리면서 당신이 아무런 가치가 없는 존재라고 말할 것입니다. 어떤 일이 일어나고 있는 건지 아시겠습니까? 당신이 하나님과 하나님의 사랑에 대해 평가한 가치를 원수 마귀가 대항하고 있는 것입니다.

교회에 나가서 은혜와 축복을 많이 받고 행복해 할 수도 있습니다. 그러고서 집에 왔는데 누군가가 당신을 계속 닦달합니다. 사탄이 당신의 기쁨을 앗아가려고 하는 것입니다. 하나님께서 당신에 대해 말씀하시는 것은 이쪽 편에 있고 그 반대는 저쪽 편에 있다고 해 봅시다. 그것은 마치 시소와 같아서 당신이 부여하는 가치에 따라 달라집니다. 한 쪽이 올라가면 다른 쪽이 내려갑니다. 그 반대도 마찬가지입니다. 만일 당신이 하나님의 말씀에 가치를 둔다면 사람들이 하는 말은 무시해야 합니다. 시소처럼 동시에 양쪽을 다 올라가게 할 수는 없습니다. "하나님은 나를 사랑하셔! 하나님은 나를 사랑하실 뿐 아니라 또한 나를 좋아하셔. 하나님은 나를 기뻐하셔. 나는 말할 수 없는 기쁨으로 충만하고 영광으로 충만해!"

그러다가 비판과 반대가 몰려올 때면, 당신은 하나님께서 말씀하시고 행하신 것을 굳게 붙잡습니까, 아니면 사람들의 인정을 받고자 하고, 사람들의 인정을 귀하게 여기며 그것을 하나님과 동일시하거나 아니면 더 높입니까? 만일 그들의 말에 힘을 실어준다면 당신이 하나님의 말씀에 부여한 가치와 하나님께서 당신의 삶에 행하신 일에 부여한 가치는 떨어지게 될 것입니다. 하나님의 사랑에 대한 계시로 인해 누렸던 기쁨과 평안과 승리가 삶에 더 이상 나타나지 않을 것입니다. 하나님께서 그것을 다시 가져가신 게 아니고 당신이 받아 누리는 것을 멈춘 것입니다. 당신의 삶 속에 하나님께만 드려진 자리에 다른 것이 들어오도록 당신이 허락을 한 것입니다.

당신을 대적하며 다가오는 것에 어떤 가치를 부여하는 것은 당신 자신입니다. 다른 누가 대신하는 것이 아닙니다. 그 어느 누구도 당신이 어떤 것에 부여하는 가치를 결정하지 못합니다. 그건 당신의 선택입니다.

사랑과 미움

당신의 배우자나 아이, 혹은 상사가 당신에게 속을 뒤집는 말을 합니다. 그 말로 인해 정말 짜증이 났다고 해 봅시다. 하지만 만일 그들이 그와 똑같은 말을 저에게 했다면 결과는 달랐을 것입니다. 왜냐고요? 저는 당신만큼 그들의 말에 가치를 두지 않기 때문입니다.

"하지만 배우자나 아이, 혹은 상사의 의견을 가치 있게 여겨야 하잖아요!" 네, 하지만 상대적인 의미에서 그래야겠지요. 주님께서 말씀하셨습니다.

무릇 내게 오는 자가 자기 부모와 처자와 형제와 자매와 더욱이 자기 목숨까지 미워하지 아니하면 능히 내 제자가 되지 못하고

누가복음 14:26

아버지나 어머니를 나보다 더 사랑하는 자는 내게 합당하지 아니하고 아들이나 딸을 나보다 더 사랑하는 자도 내게 합당하지 아니하며

마태복음 10:37

가족을 향한 사랑이라 할지라도 예수님을 향한 사랑보다 커서는 안 됩니다. 당신이 하나님께 부여하는 가치와 사람들에게 부여하는 가치는 사랑과 미움의 차이만큼 분명히 차이가 나야 합니다. 물론 당신과 가까운 관계의 사람들에게 부여하는 당신의 가치는 제가 그들에게 부여하는 가치보다는 높아야 합니다. 그러나 하나님과 그분이 당신의 삶에 행하신 일에는 그 어떤 것도, 그 어떤 누구도 경쟁할 수 없는 가치를 부여해야 합니다. 그러나 대부분의 그리스도인들이 이렇게 하지 않습니다.

　당신은 이 세상의 것들보다 하나님의 것들을 더 높이십니까? 그 차이가 너무도 적어서 얼마나 차이나나 보려면 돋보기를 들이대야 하는 것은 아닙니까? 그 둘은 분명한 차이가 나야 합니다. 하나님을 향한 당신의 존중에 비해 그 밖의 모든 것과 모든 사람

들에 대한 존중은 낮아져야 합니다. 즉 평가 절하해야 합니다.

배우자보다 더 크신 하나님

우리는 하나님을 제외한 모든 사람과 모든 것에 상호 의존하게 되었습니다. 만일 당신의 배우자가 당신을 버리고 떠난다면 싸구려 가방이 망가지듯 그렇게 무너져 버리시겠습니까? 저도 하나님의 최선은 당신의 결혼생활이 치유되고 온전히 회복되는 것이라고 생각합니다. 물론 주님은 그 영역에서도 역사하기를 원하십니다. 하지만 당신의 배우자가 협조를 하지 않는다면 어떻게 되겠습니까? 당신은 결단을 하고 이렇게 말해야 합니다. "하나님, 하나님께서는 나의 배우자보다 훨씬 더 크십니다. 만일 일이 제대로 되지 않아서 내 배우자가 나를 떠난다 해도 나는 계속 전진하는 것을 놓치지 않을 겁니다. 계속 전심으로 주님을 찬양하고 사랑하며 섬길 것입니다. 설령 모든 사람들이 나를 버린다 할지라도 말입니다! 당신은 놀라우신 분이십니다!"

모세의 아내는 일 년간 그를 떠나 있었습니다. 그들이 애굽으로 내려갈 때 십보라는 가지 않았습니다. 그러나 모세는 계속 주님과 함께 앞으로 전진했습니다(출 18:2). 열 가지 재앙이 내리고, 이스라엘 자손들이 해방되고, 홍해가 갈라졌습니다. 이 모든 일은 모세가 아내와 떨어져 있을 때 일어난 일입니다.

이렇게 생각하는 사람들도 있습니다. "글쎄요, 저는 하나님을 사랑하고 존중해야 한다고 믿지만 이혼 수속을 밟고 있는 동안에는 하나님을 찬양할 수 없는 것 아닙니까?" 아니오. 찬양할 수 있습니다.

노스캐롤라이나 주 샬럿Charlotte에 있는 저의 후원자 한 분은 해마다 저를 그의 회사에 초청하곤 했습니다. 그는 직원들에게 이렇게 말했습니다. "시간은 흘러가고 있습니다. 근무시간을 대신하는 것이니 여러분은 이 분이 원할 때까지 경청해 주십시오." 그러면 나는 하나님의 선하심을 그들에게 전하였습니다. 이 일을 여러 해 동안 해 왔습니다.

한 번은 제가 메시지를 전한 후 휴게실에 있을 때 어떤 여자 분이 저에게 와서 말을 걸었습니다. 그녀는 자살을 시도했던 알코올 중독자였습니다. 자기 손목을 그어 병원에 입원하기도 했으며 네 번째 이혼 절차를 밟고 있는 중이었습니다. 또 아주 가난했습니다. 그녀의 인생 만사가 고단하고 낙심거리뿐이었습니다.

"누가 관심을 두겠나?"

그녀가 말했습니다. "앤드류 목사님, 저는 당신과 우리 사장님처럼 그리스도인은 아닙니다. 하지만 기도하면 된다는 것은 알고 있습니다. 저의 결혼생활을 위해서 기도 좀 해주세요." 그러더니 설움이 복받쳐 울기 시작했습니다. 이번이 네 번째 결혼인데 당시 남편도 이혼 소송을 제기했다고 했습니다. 만일 이번에 또다시 이혼 소송을 당하면 견딜 수 있을지 모르겠다고 했습니다. 그래서 저에게 자신의 결혼생활을 위해 기도해 달라고 부탁한 것입니다.

저는 그분의 말을 중단시키고 이렇게 물었습니다. "제가 당신의 말을 제대로 들었는지 확인을 해보겠습니다. 당신은 그리스도인이 아닌데 그걸 알고 있다는 거지요."

"네, 맞습니다."

"만일 지금 당장 죽는다면 지옥으로 직행하겠네요."

"맞아요."

"그런데도 구원이 아닌 결혼생활을 위해 기도해 달라는 겁니까?"

"네, 그렇습니다."

내가 말했습니다. "저기요, 지옥 불 가운데서 수천 년 동안 타버리다 보면 당신이 기혼이든 이혼이든 무슨 상관이겠습니까? 지금 결혼생활이 중요한 게 아닙니다! 당신은 거듭나야 합니다!"

그녀는 "그렇겠네요. 당신 말이 맞아요!"라고 대답했습니다. 그래서 내가 그녀와 함께 기도했고 그녀는 거듭나게 되었습니다.

내 말은 하나님께서 당신의 결혼생활에 관심이 없다는 뜻이 아닙니다. 그러나 결혼생활도 상대적인 가치의 관점에서 바라보아야 합니다. 영원과 비교해 보면 결혼생활은 아무것도 아닙니다. 그것은 모두 당신이 부여하는 가치와 관련되어 있습니다.

예수님이 경시하신 것

어떤 사람들은 결혼과 직업 그리고 사람들의 인정에 너무 큰 가치를 둔 나머지 그런 가치들이 하나님께 부여한 가치와 경쟁을 합니다. 만일 당신도 그런 경우라면 결단을 내리고 이렇게 말해야 합니다. "주님, 주님이 저의 삶에 행하신 일에 제가 부여한 가치와 주님께 부여한 가치를 감소시킬 수 있는 것은 아무것도 없습니다." 그리고 나서 당신은 하나님을 높이고 영화롭게 하며, 그 밖의 모든 것은 경시해야 합니다.

이러므로 우리에게 구름같이 둘러싼 허다한 증인들이 있으니 모든 무거운 것과 얽매이기 쉬운 죄를 벗어버리고 인내로써 우리 앞에 당한 경주를 하며 믿음의 주요 또 온전케 하시는 이인 예수를 바라보자. 그는 그 앞에 있는 기쁨을 위하여 십자가를 참으사 부끄러움을 개의치 아니하시더니 하나님 보좌 우편에 앉으셨느니라

히브리서 12:1,2

여기서 '부끄러움을 개의치 아니하시더니' 라는 말에 주목해 보십시오. '개의치 아니하다' 라는 말의 헬라어는 문자적으로 '경시하다' 라는 뜻입니다. 그것은 '존중하다, 높이다, 귀중히 여기다, 중요시하다' 라는 말과 정반대의 말입니다. 예수님께서는

그가 겪어야만 하셨던 일과 연관된 부끄러움을 경시하셨습니다. 당신은 하나님과 그 외의 다른 모든 것을 진정으로 동시에 높일 수는 없습니다. 앞서 말씀드렸던 그 시소와 같습니다. 양쪽 끝이 동시에 올라갈 수는 없습니다. 하나를 존중하고 나머지는 경시합니다. 예수님께서는 그의 십자가 죽음과 연관된 부끄러움을 경시하셨습니다. 그분은 의도적으로 그가 치르신 값을 작은 것으로 보고 무시하셨습니다.

그러나 우리 대부분은 그렇게 하지 않습니다. 우리가 만약 십자가를 지는 부르심을 받았다면 아마도 즉시 그 수치와 희생과 고통을 바라보았을 것입니다. 우리는 우리 자신의 생명과 평안과 안전에 너무도 큰 가치를 부여함으로써 하나님의 부르심에는 가치를 부여할 수 없었을 것입니다.

그러나 예수님은 이미 자신의 생명을 경시하셨습니다(빌 2:5-8). 예수님은 하나님께서 말씀하시고 행하신 일에 비교해 볼 때, 그 밖의 모든 것을 무가치한 것으로 여기셨습니다.

배설물!

바울도 그와 똑같은 말을 하였습니다.

그러나 무엇이든지 내게 유익하던 것을 내가 그리스도를

위하여 다 해로 여길뿐더러 또한 모든 것을 해로 여김은 내 주 그리스도 예수를 아는 지식이 가장 고상하기 때문이라 내가 그를 위하여 모든 것을 잃어버리고 배설물로 여김은 그리스도를 얻고

빌립보서 3:7,8

당신은 모든 것에 어떠한 가치를 부여합니다. 또한 당신이 중요하다고 생각하는 것에 더 큰 가치를 부여하기 마련이지요. 바울이 말했습니다. "나는 그리스도를 아는 일에 높은 가치를 두었고 그 밖의 모든 것은 배설물로 경시하였다." 그것은 강력한 말입니다.

대부분의 그리스도인들은 그렇게 말하지 못합니다. 그러기에 우리는 바울이 한 일을 하지 못하는 것입니다. 그것은 또한 그가 누린 그 기쁨을 얻지 못하는 이유이기도 합니다. 바울은 옥중에 있을 때 빌립보서를 썼습니다. 하지만 그것은 그의 서신 가운데 가장 행복에 찬 서신입니다. 그는 겨우 넉 장밖에 되지 않는 서신에 '기쁨', '기뻐하다'라는 단어를 17번 사용하였습니다. 바울은 감옥에서도 하나님을 찬양하고 기뻐하였습니다.

만일 당신이 오늘 저녁 감옥에 갇히게 된다면 한밤중에 주님을 노래하고 찬양할 것 같습니까? 아마 하지 못할 것입니다. 당신은 당신의 삶과 자유와 소유에 지대한 가치를 부여했기 때문입니다. 그리 중요하지 않은 것들에 지대한 가치를 부여한 것입니다. 당신의 삶이 중요하지만, 하나님에 비하면 그것은 아무런 가치도 없습

니다. 당신은 당신의 삶에 상대적인 가치를 부여해야 합니다. 당신이 세상의 중심이라고 여기는 한 당신에게 거슬리는 사람이 있으면 당신은 언제라도 뒤집어질 가능성이 있는 것입니다. 만일 당신이 온통 자신 안에 갇혀 있다면 당신은 소인배가 되는 것입니다.

하나님만을 위해 있는 자리

바울은 남다른 가치 체계를 가지고 있었습니다. 여기 이 땅에 있어야 할지 아니면 여기를 떠나 천국으로 가야 할지를 두고 갈등할 정도였으니까요.

이는 내게 사는 것이 그리스도니 죽는 것도 유익함이라 … 내가 그 둘 사이에 끼었으니 차라리 세상을 떠나서 그리스도와 함께 있는 것이 훨씬 더 좋은 일이라 그렇게 하고 싶으나 내가 육신으로 있는 것이 너희를 위하여 더 유익하리라
빌립보서 1:21,23,24

바울은 여기 이 땅에서 그의 생명을 아무것도 아닌 것으로 여겼습니다. 생명을 아무것도 아닌 것으로 여긴 사람은 바로 바울 자신이었습니다.

당신의 삶에 일어나는 모든 것에 가치를 부여하는 사람은 바로

당신 자신입니다. 제가 한 친구와 함께 파이크스 피크Pikes Peak
로 산행을 한 적이 있었습니다. 그는 우리가 같이 아는 친구 중에
우리 둘 모두에 대해 아주 부정적인 이야기를 많이 하고 다니는 친
구에 대해 얘기했습니다. 나는 그에게 듣고 싶지 않다고 했습니다.
전에 벌써 들은 얘기이기 때문에 그 사람이 나를 비판하는 최신
정보에는 관심이 없었습니다. 내 친구는 잠시 조용해지더니 이렇
게 물었습니다. "나는 기분 나쁜데 너는 왜 기분이 나쁘지 않냐?"
내가 대답했습니다. "너는 너에 대한 그의 의견을 중요시하고
나는 나에 대한 그의 의견을 중요시하지 않기 때문이지." 문제는,
당신이 거기에 어떤 가치를 부여하느냐 하는 것입니다.

　당신이 하나님께서 말씀하시고 행하신 일의 계시와 축복, 유익
을 상실하게 되는 이유는 하나님 대신 다른 많은 것에 가치를 부여
했기 때문입니다. 당신이 중요하게 여기는 것들이 당신의 시간과
에너지, 집중력을 서서히 앗아가고 있습니다. 이로 인해 주님께서
당신의 삶에서 행하신 일이 시간이 가면서 그 의미가 약화되고
있는 것입니다. 하나님께서 당신에 대한 태도를 바꾸시어 복 주는
것을 멈추신 것이 아닙니다. 하나님을 위해서만 있는 그 중요한
자리를 다른 것이 차지하도록 당신이 허락했기 때문입니다.

제 3 장

"하나님이 나를 사랑하신다!"

어느 토요일 밤 기도회 시간에 하나님께서 초자연적으로 그분의 사랑을 저에게 나타내셨습니다. 1968년 3월 23일이었는데 제 나이 열여덟이었습니다. 갑자기 하나님께서 열정적으로 저를 사랑하신다는 것을 알았습니다. 하나님께서 제 사진을 그분의 지갑 속에 갖고 다니시며 제 얼굴이 찍힌 옷을 입으셨단 걸 알았습니다. 하나님의 무조건적인 사랑은 더 이상 제게 추상적인 개념이 아니었습니다. 그건 실제였습니다! 그 후 넉 달 반 동안 하나님의 초자연적인 사랑이 저의 삶을 변화시켰습니다.

너무 신이 난 나머지 바로 다음날 주일 오전, 저희 교회 예배 간증 시간에 앞에 나가서 이렇게 말했습니다. "하나님께서 저를 사랑하십니다! 하나님은 그저 멀리서 저를 사랑하시는 정도가 아니라 열정적으로 저를 사랑하십니다. 하나님은 저를 기뻐하시고 심지어는 저를 좋아하기까지 하십니다!" 그러나 차라리 제가 욕을 했다면 더 좋았을 뻔 한 상황이 펼쳐졌습니다. 밖에서 간음죄를 저질렀더라면 그분들이 저를 더 불쌍하게라도 여겼을 것입니다. 적어도 그런 죄는 용서를 받을 수 있을 테니까요. 그런데 그분들은 하나님께서 저를 열정적으로 사랑하신다는 저의 간증을 오해하여 제가 무슨 큰 장점을 가졌다고 자랑하는 것으로 받아들였습니다. 그들은 은혜를 이해하지 못하였기에 하나님의 사랑을 선행에 근거한 것으로 생각했고 제가 나눈 이야기를 그들보다 제가 더 낫다고 말하는 것으로 해석하였습니다. 그리하여 즉각적으로 비판이 돌아왔습니다.

저희 교회 성도 중에 한 신학교 교수님이 제게 와서 이렇게 말했습니다.

"네가 뭔데? 네가 성령으로 충만하다고?"

"하나님께서 저를 성령으로 충만케 하셨어요. 저에겐 그렇게 느껴졌어요. 에베소서 5장 18절에서 바울이 우리에게 성령 충만을 받으라고 했거든요."

"그래. 하지만 그건 바울 얘기지. 너는 아냐. 너를 바울과 같다고 생각하는 것이냐?"

"저는 다만 저에게 일어났던 일을 나누었을 뿐이에요."

사탄은 이 신학교 교수님을 이용하여 저를 비판하려고 하였습니다. 사탄은 열여덟 살 소년인 저로 하여금 하나님께서 저에게 계시하신 것이 아닌 사람들의 의견을 더 소중히 여기도록 만들려고 했습니다.

"사람들이 뭐라 하든, 그것은 중요하지 않아"

저는 하나님의 사랑에 너무도 가슴이 벅찬 나머지 밤에 거의 잠을 이룰 수가 없었습니다. 겨우 몇 분 자다가 깨어나 하나님께서 얼마나 나를 사랑하시는지를 생각했습니다. 그런 다음 성경 말씀을 읽다가 다시 잠들곤 했습니다. 넉 달 반 동안 한 번에 한 시간 이상 자본 적이 없었습니다. 그 기간 동안 차분히 앉아서 밥을 먹어본 기억도 없습니다. 하나님께서 저를 사랑하신다는데 먹는 것, 자는 것이 문제겠습니까! 하나님의 사랑을 느끼는 그 시간이 저는 너무도 좋았습니다!

저는 하나님께서 저를 사랑하신다는 사실을 귀하게 여긴 것입니다. 다른 소리가 들릴 때도 제가 그것에 같은 가치를 두었을까요? 만일 제가 그런 소리에 가치를 두었더라면 하나님께서 말씀하신 것에 부여한 가치와 평가는 떨어지기 시작했을 것이고 저는 그 계시를 잃어버렸을 것입니다. 저에게 큰 장점이 있어서 이런 일들이 일어난 것이 아닙니다. 하나님께서 저의 인생을 만져주시기 전에는 제가 하나님을 그렇게 갈망하고 있었다는 사실 조차도 몰랐거든요. 그러나 한 번 하나님의 놀라운 사랑과 용납을 경험하고 나니 이것 외에는 더 이상 나를 감격시킬 게 없다는 것을 알게 되었습니다. 저는 즉시 하나님을 모든 것 위에 올려드렸고 그 밖의 것들은 경시하였습니다.

이 사람들, 즉 한때 내가 존경했었고 기쁘게 하려 했던 대상,

인정을 받으려고 애썼던 대상인 바로 그 사람들이 저를 문제로 꼽고 저지하려 했지만 저는 그냥 돌아서 버렸습니다. 저는 이렇게 말했습니다. "저기요, 이제 당신들 뭐라 하든, 상관없어요!" 저는 하나님과 그가 하신 일에 제가 부여했던 가치를 동일하게 유지했던 것입니다. 이로 인해 하나님께서 주신 초자연적이고 무조건적인 사랑이 감소하지 않을 수 있었습니다.

당시 저는 대학에 막 들어간 수학을 전공하는 신입생이었습니다. 하지만 일단 하나님과의 사랑에 푹 빠지고 나니 수학과 대학에 대한 흥미를 완전히 잃어버렸습니다. 결국 학교에 가서 수학을 공부하는 것을 몹시 싫어하는 지경에까지 이르렀습니다. 두 달 반 동안 매일 학교에 갔지만, 한 번도 수업에 들어가지 못했습니다. 수업에 들어가는 길에 누군가에게 주님에 관한 이야기를 시작하기 일쑤였고 그 당시 제가 하고 싶었던 것은 바로 그 일이었습니다. 하나님이 나를 얼마나 사랑하시며 또 하나님께서 그들도 얼마나 사랑하시는지를 다른 사람들에게 이야기하는 것 말입니다. 저는 하나님께서 그들의 인생도 변화시킬 수 있다는 것을 그들이 알기 원했습니다. 다음 시간을 알리는 종이 쳤다고 저랑 지금 얘기하고 있는 그 사람을 지옥에 가도록 내버려둘 수는 없는 일 아닙니까? 그래서 그들과 계속 이야기를 나누다가 수업을 놓치기 일쑤였습니다. 그러고는 다음 수업 시간까지 시간이 남아 또 다른 사람과 이야기를 나누다가 다음 수업을 알리는 종이 치곤 했습니다. 이러기를 두 달 반 동안 한 것입니다!

얼마 후 생각을 해봤습니다. 내가 공부를 좋아하지 않고 한 번도 수업에 들어가지 않는다면 왜 내가 돈을 내고 학교에 다녀야 하나? 그래서 이걸 놓고 기도를 하였더니 주님께서 저에게 학교를 그만두라고 하셨습니다. 물론, 이것은 모든 사람에게 해당되는 것은 아닙니다. 하나님께서 당신을 부르셔서 하시려고 하는 일을 위해 교육을 받아야 할 필요도 있습니다. 하지만 제가 지금 하고 있는 이 사역을 위해 그때 제가 수학을 전공해야 할 필요는 없었습니다.

상대적인 가치

저의 그런 결정을 사람들에게 알렸더니 사태가 정말 말이 아니었습니다. 학교를 그만두게 되면 당시 돌아가신 아버지로 인해 매월 받고 있던 사회보장 기금 350불을 포기해야만 했습니다. 또 이때가 베트남 전쟁이 한창일 때였으므로 학교를 계속 다니는 한 군 입대가 연기되지만 그만둘 경우, 즉시 베트남으로 가야 했습니다. 사람들이 저에게 끊임없이 말했습니다. "어리석은 짓이야. 그렇게 하면 안 돼!"

어머니께서도 저를 이해하지 못하셨습니다. 저에게 화를 내시지도 않았고 반대하지도 않으셨지만 그것이 하나님의 뜻이라고는 믿지 않으셨습니다.(아버지께서 제가 열두 살 때 돌아가셨기에 어머니와 저는 특별한 유대관계를 가지고 있었고 그것은 이날까지도 변함이 없습니다.) 사탄은 제가 하나님께 부여한 가치보다 어머니와의 관계를 더 가치 있게 생각하게 만들려고 애썼지만, 저에게는 하나님과 경쟁할 수 있는 것이란 그 어떤 것도 없었습니다. 제 어머니라 할지라도 저를 위해 죽지는 않으셨습니다. 나의 죄를 사하기 위해서 지옥에 가시고 죽은 자 가운데서 부활하신 분은 제 어머니가 아닙니다. 저는 제 어머니를 사랑하지만, 하나님을 무한히 더 사랑합니다.

"하지만 앤드류 목사님, 저는 그것을 구분하지 않을 거에요. 전 하나님과 어머니(배우자, 아이들, 친구들)를 똑같이 사랑합니다." 아닙니다. 그렇게 할 수가 없습니다. 비교를 해 본다면, 하나님에 대한 당신의 사랑이 너무 커서 부모, 배우자, 아이들 및 친구들에 대한 당신의 사랑이 마치 미움처럼 보여야 합니다(눅 14:26). 제 말은 실제로 그들을 미워하라는 뜻이 아닙니다. 그들을 사랑해야 합니다. 하지만 주님에 대한 당신의 사랑과 친밀함이 사람들을 향한 사랑을 훨씬 능가해야 한다는 말씀입니다.

사람들에게 부여한 가치와 하나님께 부여한 가치에 차이가 별로 없을 때 문제에 빠지게 되는 것입니다. 우리는 인간관계와 다른 사람들의 인정, 또 우리의 직업을 너무 귀하게 여깁니다. 이런 것들이 있어야 할 자리에 있을 때는 문제가 없습니다. 하지만 하나님을 사랑하고, 하나님을 따르고, 하나님의 증인으로 사는 것이 당신의 인간관계, 직업, 사람들의 인정을 희생시키는 경우엔 어떻습니까? 무엇이든 주님께서 당신에게 요구하신 대로 하겠습니까, 아니면 이런 것들에 대한 가치와 하나님에 대한 가치를 거의 동일하게 여기시겠습니까?

하나님께 제가 드린 가치와 근접하는 가치는 저에게 하나도 없습니다. 제 아내도 제가 하나님을 자기보다 훨씬 더 사랑한다는 것을 압니다. 저 또한 아내가 저보다 하나님을 훨씬 더 사랑한다는 것을 알고 있습니다. 이것이 우리의 관계에 마이너스가 아닌 플러스가 됩니다. 만일, 제 아내가 제가 자기에게 한 만큼만 나를 사랑했다면 벌써 오래 전에 나를 버리고 떠났어야 마땅합니다.

오해받다

저는 아내에게 힘든 경험을 하게 했습니다. 사역자의 아내로서 우리가 겪은 일들을 통과한다는 것은 고달픈 일이었습니다.

예전에 어떤 목사님과 교제를 했는데 그분은 거듭나기 전에 간음죄를 짓고, 정신병원에 입원도 하고, 알코올 중독에다 마약까지 했었답니다. 그가 정말로 끔찍한 일들을 겪었지만 주님께서 그의 인생을 변화시키셨습니다. 자신의 얘기를 털어놓은 후에 그가 저에게 제 간증을 들려달라고 하였습니다. 그래서 우리가 겪었던 가난과 고생과 아픔에 대해 말했습니다. 아내가 임신 8개월 때 빵 한 조각 입에 넣지 못한 채 2주간을 지냄으로 억지 금식을 하게 되었던 일을 이야기했습니다. 이분이 벌떡 일어서더니 이렇게 소리쳤습니다. "맙소사, 목사님은 저보다 훨씬 문제가 많으셨네요. 내가 들어본 간증 중에 최악입니다!" 네, 그분 말이 사실이라고 볼 수 있습니다.

만일, 제 아내가 제 자격만큼만 저를 사랑했다면 아내는 이렇게 오랫동안 제 곁에 머무르지 않았을 것입니다. 그녀가 하나님께 헌신되어 있었기에 저를 지속적으로 사랑한 것이고, 저 또한 주님께 헌신되어 있었기에 아내를 지속적으로 사랑한 것입니다. 하나님을 사랑하면 우리의 관계가 방해를 받는 것이 아니라 오히려 그것이 관계를 증진시킵니다.

대부분의 사람들은 그들이 만들어낸 그들만의 세상에서 서로를 의지합니다. 만일 어떤 일이 발생해서 그들의 결혼생활, 아이들, 재산, 가정, 존경, 명예 등을 잃을 것 같으면 그들은 정서적으로 무너져버립니다. 왜냐고요? 그들은 이런 것들을 높게 평가하고 중요하게 여기기 때문입니다.

제가 하나님 사랑에 대한 계시를 막 깨달았을 때 어머니께서는 저를 이해하지 못하셨습니다. 악한 원수는 저를 꼬드겨서 이 경험으로 인해 어떤 대가를 치르게 될 것인지를 보게 하였습니다. 저는 우리 교회의 인정을 받지 못하였습니다. 제가 존경했던 사람들이 저를 비판하고 배척했습니다. 제 어머니까지도 2주간 저에게 말 한마디 하지 않으셨습니다. 어머니가 저를 미워하신 것은 아니었고 어떤 말을 해야 할지를 모르셨던 것 뿐이었습니다.

마침내 제가 어머니를 모시고 외식하러 나가서 억지로 말을 하시도록 했습니다. 어머니는 울음을 터뜨리면서 말씀하셨습니다. "나는 그저 네가 하는 행동이 너무도 부끄러울 뿐이다!" 그때 어머니가 하신 말씀은 긍정적인 것이 아니라 부정적이었습니다. 사탄은 저에게 역사해서 저로 하여금 주님께서 하신 말씀보다 저와 어머니와의 관계를 더 중시하게 하려고 하였습니다. 그러나 저는 주님의 은혜로 어머니와의 관계가 잘 풀리리라는 것을 계속 믿어 왔고 결국 그렇게 되었습니다. 주님께서 어머니의 꿈에 나타나셔서 일을 해결해 주셨기 때문이었습니다. 어머니는 88세에 마지막으로 은퇴하실 때까지 21년간 저를 위해 일하셨습니다. 어머니는 저에게 진정한 축복이셨습니다. 하지만 결과적으로 일이 잘 풀리든 풀리지 않든 간에 하나님께서 저의 인생에서 행하신 일이 어머니와의 관계로 인해 영향 받도록 하지는 않았을 것입니다.

언젠가 주님께서 당신의 삶에 깊이 개입하신 적이 있었을 것입니다. 그때 사탄은 하나님 이외의 다른 것에 더 높은 가치를 두게 하려고 다양한 방법으로 당신에게 다가왔을 것입니다. 사탄은 당신이 하나님의 말씀에서 당신의 정체성을 갖지 못하게 하려는 목적으로 그 말씀과 당신이 그 말씀에 부여한 가치를 공격했을 것입니다. 만일 당신에게 기쁨과 평안, 치유와 계시가 더 이상 나타나지 않는다면 언제부턴가 하나님께 영광 돌리기를 놓쳤기 때문입니다.

징집되다

대학을 중퇴한 후에 저는 즉시 미 육군 징집 신체검사를 받게 되었습니다. 합격이었습니다. 그런 뒤, 정부에서 사람이 집으로 찾아왔고 여러 서류뭉치를 꺼내 보이며 자원 징집의 모든 유익을 설명하기 시작했습니다.

제가 그에게 말했습니다. "우리 둘 다 시간 낭비하지 맙시다."

"어떻게요?"

"제가 신체검사를 받고 1등급을 받은 것은 학교를 그만두었기 때문입니다."

"네, 맞습니다."

"하나님께서 저에게 학교를 그만두라고 하셨어요." 그는 억지로 웃어 보였습니다. "그러니 하나님께 책임이 있습니다. 만일 주님께서 나의 징집을 원하신다면 나는 징집이 될 거고, 만일 주님께서 원치 않으신다면 나는 징집이 안 될 겁니다."

그는 크게 한번 웃더니 이렇게 말했습니다. "이것 보세요, 제가 보장합니다. 하나님의 뜻과 상관없이 당신은 반드시 베트남으로 가게 됩니다."

그의 말에 저는 화가 났습니다. 그는 하나님을 귀히 여기지 않았고 그가 한 말의 뜻은 사실 이렇습니다. "미국 정부와 비교할 때 하나님이 뭐요? 우리 정부가 하나님보다 더 강합니다. 당신이 징집 당하는 것을 하나님이 막지 못합니다." 만일 제가 그런 가치를 받아들였다면 즉시 하나님께서 제 삶에 행하신 일로부터 얻은 기쁨과 평안을 잃어버렸을 것입니다.

이 사람은 삼십대로 보였고 미국 정부를 대표하여 와 있었습니다. 저는 그저 열아홉 살 된 청년에 불과하였고요. 그러나 저는 벌떡 일어나서 손가락으로 그를 가리키며 이렇게 말했습니다. "이 보세요, 내 말 잘 들으세요. 만일 하나님께서 나의 징집을 원하신다면 나는 징집이 될 것이고 만일 하나님께서 원치 않으신다면 그때는 당신도 미국 정부도, 아니 저 지옥의 모든 귀신들도 나를 징집하지 못할 겁니다." 그는 그저 멍하니 서 있다가 급히 그의 물건들을 챙겨 나갔습니다. 바로 다음날 아침에 징집 통지서가 집으로 도착했습니다. 틀림없이 그 사람이 직접 처리를 해서 몸소 우리 집 우편함에 넣고 갔을 것입니다. 저는 상관치 않았습니다. 저는 제가 그에게 말한 대로 이루어진 것이라고 믿었습니다.

"하지만 앤드류 목사님, 징집이 되어 전쟁터에 나가게 되는 상황이라면, 가지 않기 위해 뭐라도 해야 되는 거 아닌가요?" 글쎄요. 저는 하나님께서 나를 사랑하신다는 진리에 중요한 가치를 두었기 때문에 그것을 위해서라면 기꺼이 죽을 각오가 되어 있었습니다. 희생은 저에게 문제가 되지 않았습니다. 주님과 분리되어 사느니 차라리 죽어서 주님과 함께 있고 싶었습니다. 베트남에 가는 것은 저에게 전혀 문제가 되지 않았습니다. 그랬기 때문에 1968년 이후로 하나님께서 저의 삶에 행하신 일의 기쁨을 한 번도 잃은 적이 없었다고 진정으로 말할 수 있습니다. 그때 이후의 최악의 날이 그 이전의 최상의 날보다 더 좋았으니까요. 하나님은 좋으신 하나님이십니다!

홈 베이스

제 삶에 끔찍한 일들도 많았지만, 그것은 한낱 잠깐 스쳐지나가는 것들에 지나지 않습니다. 저는 한 시간 이상 낙심하거나 침체된 적이 없었습니다. 1968년 이후로는 평안과 기쁨이 없는 하루를 보낸 적이 없었습니다. 왜 그랬을까요? 하나님께서 나를 사랑하신다는 사실에 가치와 중요성을 두었기 때문입니다.

제가 텍사스 주 알링턴에서 어린 시절을 보낼 때 '늑대와 양'이라는 놀이를 자주 했었습니다. '늑대'가 '양'을 잡아서 감옥에 가두는 놀이입니다. 늑대가 멀리 있을 때는 다른 양이 와서 잡힌 양을 풀어 줄 수 있습니다. 이 양들에게는 홈 베이스가 있는데 주로 나무였습니다. 양이 홈 베이스에 손을 대고 있으면 그들은 안전합니다. 그때는 늑대가 아무것도 할 수 없기 때문에 늑대는 떠날 수밖에 없습니다.

하나님이 바로 저의 홈 베이스입니다. 뭔가 나쁜 일이 생길 때마다 저는 한발 뒤로 물러나 이렇게 말합니다. "주님, 주님은 저를 사랑하십니다. 아버지, 아버지는 저를 귀히 여기십니다. 아버지는 저를 기뻐하십니다." 하나님께서 저를 얼마나 사랑하시는지 그 생각을 하기 시작합니다. 그러면 모든 문제들이 술술 풀리기 시작합니다. 나를 향한 하나님의 사랑을 귀히 여기고 있는 한 사탄은 나를 건드릴 수 없습니다.

저는 하나님께서 저의 삶에 행하신 일에 높은 가치를 두고 중요시하면서 하나님께 영광 돌리는 시간을 많이 보냈습니다. 그로 인해서 점점 더 강해지고 더 좋아졌습니다.

당신이 만약 하나님께서 귀히 쓰시는 그릇이 아니라 물이 새는 그릇이라면 그 이유는 그 어떤 것보다 하나님께서 당신의 삶에 행하신 일에 가장 높은 가치를 두지 않았기 때문입니다. 주님과 당신에 대한 주님의 의견을 다른 것들과 동등하거나 비슷하게 여기거나, 아니면 그보다 덜 중요하게 여기고 있기 때문입니다. 다음과 같이 말할 수 있는 단계까지 이르러야 합니다. "하나님, 하나님께서는 어느 누구보다, 그 어떤 것보다 더 나에게 중요한 분이십니다. 하나님과 경쟁이 될 것은 아무것도 없습니다." 의도적으로 하나님께 영광을 돌리고 그 밖의 모든 것은 중요하게 여기지 마십시오.

기쁨에 집중하기

예수님은 그의 십자가 죽음에 따르는 부끄러움을 개의치 않으셨습니다.

그는 그 앞에 있는 기쁨을 위하여 십자가를 참으사 부끄러움
을 개의치 아니하시더니

히브리서 12:2

예수님은 기쁨에 집중하기로 선택하셨습니다. 우리 대부분은 그런 상황에서 단기적으로 생각하기 때문에 거기서는 어떠한 기쁨도 발견하지 못하는 것입니다. 그러나 예수님은 부활을 내다보셨습니다. 십자가가 끝이 아니라는 것을 아셨습니다. 예수님은 사탄을 이기고 인류를 해방시킬 것을 아셨습니다. 주님께서는 영원을 꿰뚫어 보시고 당신과 나를 보셨습니다. 주님께서는 우리의 속박과 상처, 고통과 아픔, 질병과 가난을 보셨습니다. 그리고 마음속으로 말씀하셨습니다. "나는 저들을 속량하기 위해 죽으려한다. 나는 저들에게 기쁨을 가져다 줄 것이다." 주님께서는 그것을 확대하여 영광스럽게 하기로 선택하셨고 수치와 배척과 신체적 고통은 무시하기로 선택하셨습니다. 사람들이 자신을 벌거벗기고, 조롱하고, 모욕한다는 사실은 무시하기로 선택하셨습니다. 그런 것들을 경시하고 다른 것들을 중요시하기로 선택하셨습니다. 이 모든 것에 어떤 가치를 부여할 것인가를 결정하신 분은 바로 주님 자신이었습니다.

　당신의 인생에서 모든 것의 가치를 결정하는 사람은 바로 당신 자신입니다. 당신은 세상의 모든 것을 존중할 것인지 또는 무시할 것인지를 선택합니다. 앞서 말씀드린 이혼 위기에 처했었던

그 여자 분은 일단 그녀의 이혼이 절대적인 가치를 가지고 있지 않다는 것을 깨달았을 때 주님을 받아들이는 것이 훨씬 더 중요하다는 결정을 내릴 수 있었습니다. 그런 다음 그 사실을 확대하고 영광 돌리기 시작했습니다. 어떤 문제들이 있기 때문에 살 수 없다든지 또는 그것들이 없으면 살 수 없다고 결정하는 사람은 바로 당신입니다. 하지만 당신은 또한 언제나 당신의 결정을 바꿀 수도 있습니다.

제 4 장
무엇에다 가치를 두는가?

내가 이방인인 너희에게 말하노라 내가 이방인의 사도인 만큼
내 직분을 영광스럽게 여기노니

로마서 11:13

여기서 '영광스럽게 여기노니magnify; 확대하다; 광대하게 여기다'
라고 번역된 이 헬라어는 로마서 1장 21절에서 '영화롭게 하다'로
번역된 단어와 같은 단어입니다. 그러므로 '영광스럽게 여기다
(확대하다, 광대하게 여기다)'와 '영화롭게 하다'는 단어는 서로
바꾸어 쓸 수가 있습니다. 결국 같은 뜻이라는 말입니다. 하나님을
확대하고 광대하게 여기는 것이 곧 하나님을 영광스럽게 여기는
것입니다. 확대하다, 광대하게 여긴다는 것은 상대적으로 이것을
다른 것보다 더 크게 본다는 것을 말합니다.

당신은 하나님을 다른 것들보다 더 크게 여길 수 있다는 것을
아셨습니까? 우리가 하나님의 실제 크기에 영향을 미칠 수는 없

습니다. 하나님은 당신이 어떻게 생각하든 상관없이 존재하신 그대로의 하나님이십니다. 그렇지만, 당신이 그분을 인식하고 경험하는 정도에 한해서는 당신의 삶에서 하나님을 더 크게 할 수도 있고 더 작게 할 수도 있습니다. 그것은 당신이 어떻게 생각하느냐에 달려있습니다.

당신이 망원경을 제대로 된 방향으로 본다면 모든 것이 실제보다 더 커 보입니다. 그러나 그것을 거꾸로 돌려서 보면 모든 것이 실제보다 더 작게 보일 것입니다. 똑같은 망원경이지만 그것을 어떻게 사용하느냐에 따라 보는 것이 커지기도 하고 줄어들기도 합니다.

당신의 생각mind은 망원경과 같습니다. 당신이 어떤 것을 선택하고 어떤 것에 집중하느냐에 따라 하나님은 광대하고 문제는 작게 여길 수가 있으며, 그 반대가 될 수도 있습니다. 참 슬픈 사실은 우리들 대부분이 가장 하찮은 것, 가장 무의미한 것들을 확대하고, 하나님과 그의 말씀은 작게 만드는 데 달인이 되었다는 것입니다. 우리가 가지고 있는 부정적인 관점으로 인해 마귀가 던지는 솜방망이 같이 매우 미미한 것들에 집중하고 확대합니다. 그렇게 생각을 키우다 보면 그 솜방망이가 거대한 야구 방망이가 되어 있고 사탄이 그것을 이용하여 우리의 머리를 내려칩니다. 그러나 결국 솜방망이를 확대하여 야구 방망이가 되게 한 사람은 바로 당신입니다.

무엇이 당신을 괴롭히는가?

최근 우리 바이블 칼리지 학생 하나가 나를 보자고 하였습니다. 그가 내 사무실에 들어오더니 막 울기 시작했습니다. 그에게는 언제나 항상 불만이 있었기에 "이번엔 무슨 일인가?" 하고 물었습니다. 그 날은 월요일이었는데 전날 교회에서 문제가 있었던 것입니다. 그가 말했습니다. "저는 하나님의 말씀에 목말라 있는데 제 앞에 앉은 여자 둘이 예배 시간 내내 웃으면서 이야기하지 뭐에요. 그 여자들 때문에 예배를 망쳤어요!" 그러면서 그는 마귀가 어떻게 이것을 이용하여 말씀을 빼앗아 갔는지 속상해 하면서 투덜대다가 울음을 터뜨렸습니다.

그때 저는 한 친구와 막 전화 통화를 마친 상태였습니다. 거의 50여 년간 함께 해온 그의 아내가 세상을 떠난 직후였습니다. 내가 그를 위로하려고 전화를 걸었는데, 그는 오히려 하나님께 영광 돌리며 주님을 찬양하고 있었습니다. "하나님은 참으로 위대하신 분이야. 하나님은 참으로 좋으신 분이야. 나는 하나님을 너무너무 사랑하네!" 거의 반세기 가까이 함께 살아온 그의 반려자가 방금 세상을 떠났지만 그는 어려운 상황 가운데서도 하나님을 찬양하며 감사하고 있었습니다.

한데, 여기 내 사무실에 앉아 있는 이 친구는 주일 설교를 놓친 것 때문에 울고 있었습니다. 예배 시간에 앞자리에 앉은 두 여자가 떠들었다는 이유로 말씀을 포기한 것입니다. 너무 어리석은 일이죠. 왜 일어나서 딴 데로 옮기든지, 아니면 그들에게 조용히 해달라고 요구를 하지 않은 것입니까? 별것도 아닌 일을 그가 확대하여 큰일을 만든 것입니다.

지금 당신을 괴롭히는 일은 무엇입니까? 혹시 일 년 뒤에는 기억조차 하지 못할 일은 아닙니까? 당신이 너무 화가 나 있는 이 일을 주님이 설령 해결해 주지 않는다 할지라도 일 년 뒤에는 다 잊어버릴 것입니다. 왜요? 그건 별로 중요하지 않은 일이기 때문입니다. 그것은 진짜 문제가 아닙니다. 당신이 그것을 확대하고 있는 것뿐입니다.

사람들이 저에게 기도해 달라며 그들의 문제를 제게 말할 때, 가끔 저는 입술을 깨물며 웃지 않으려고 애쓸 때가 있습니다. 그리고 이렇게 말하고 싶어집니다. "그게 다예요? 그것 때문에 괴롭다는 겁니까? 그보다 나쁜 일이 저에게는 다반사로 일어납니다!"

솔직히 말해서, 사람들은 정말 아무것도 아닌 일에 화를 내고 마음 상해합니다. 그 사람들에게 제3세계의 어느 나라로 가는 편도 비행기 표를 쥐어 주고 싶습니다. 거기 가면 진짜 고난과 어려움이 어떤 것인지 직접 볼 수 있을 테니까요. 그렇게 한다면 그분들은 완전히 새로운 시각을 가지고 돌아올 것입니다. 전에는 하찮게 여겼던 것들을 감사 제목으로 여기게 될 것입니다.

잘못된 것에 둔 가치

우리는 이 세상이 아이들에게 너무 힘든 환경이라고 이야기합니다. 그러나 막상 아이들은 최신 모델의 핸드폰이 없다고 불평하고 있습니다. 진짜로 아이들에게 힘든 환경일까요? 그렇지 않습니다. 지금의 세대는 지금까지 존재했던 세대 중에서 가장 편안한 세대입니다.

1836년 영국에서 토머스 크래퍼Thomas A. Crapper라는 사람이 태어났습니다. 그가 열한 살이 되던 해 그의 부모는 배낭에 옷가지 몇 벌과 하루치 먹을 것을 챙겨 주고서 어린 그에게 '사랑한다'고 말하고 등을 두들겨주면서 길을 떠나보냈습니다. 그는 165마일을 걸어서 런던에 도착하였습니다. 그를 돌보아줄 친척도, 아무도 없었습니다. 물에 빠져 죽기 싫으면 헤엄쳐 나가야 하듯, 죽고 싶지 않다면 반드시 살아야 하는 상황이었습니다. 그때는 오늘날처럼 정부에서 후원하는 사회보장 제도라는 것도 없었습니다. 그때는 나라에서 주는 도움이 없었습니다. 죽을 수도 있는 상황이었습니다. 토머스는 열한 살에 자신의 힘으로 살아야만 했습니다!

저도 제 자식이 열한 살에 혼자 힘으로 자신의 삶을 살아가는 것은 상상조차 할 수가 없습니다. 그에 관해 기록한 책을 보면 다음 문장이 이렇습니다. '열한 살에 아이를 독립시키는 것은 당시 상황에서 흔한 일이었다.' 왠지 아십니까? 당시 대부분의 아이들은 열두 살에 독립을 했기 때문입니다! 만일 당신이 열두 살 때

1840년대 영국에서 살았다면, 혼자 힘으로 삶을 꾸려가야 했습니다. 살든지 죽든지, 물에 빠지든지 수영을 하든지 당신이 알아서 해야 했습니다. 얼마나 힘들었겠습니까!

비싼 청바지나 최신 비디오 게임기가 없어서, 혹은 오락 TV를 볼 수 없는 게 압박이 아닙니다. 자기 차가 없거나, 밤 11시 이후 외출할 수 없거나, 친구들이 하는 모든 것을 할 수 없는 게 압박이 아닙니다.

우리가 그것을 압박으로 생각하는 이유는 우리가 그것을 확대해 놨기 때문입니다. 그리고 이렇게 말합니다. "또래에게 인정받는 것이 매우 중요합니다. 자신에 대해 좋은 감정을 가져야 하고 긍정적인 자존감을 가져야 합니다." 150년 전의 사람들은 그저 하루하루를 생존하려고 몸부림쳤습니다. 그들은 자신의 자존감을 생각할 겨를이 없었습니다. 오늘날 너무도 많은 사람들이 망가지는 이유는 우리가 잘못된 곳에 가치를 두었기 때문입니다.

"하지만 우리는 스트레스가 많은 사회에 살고 있습니다. 오늘날 우리가 받는 이런 압박을 받으며 살았던 사람은 없었습니다." 당신은 최전방에서 병사로 복무해 본 적이 있습니까? 그게 압박입니다. 제2차 세계대전 때 군인의 아내들과 자녀들은 그들의 남편과 아빠가 전쟁터로 떠나가서 돌아오지 못했던 것을 경험해야만 했습니다. 그게 압박입니다. 차가 막히는 시간에 자기 차 안에 앉아있는 것이 스트레스가 되는 유일한 이유는 당신이 그것을 압박으로 느끼기 때문입니다. 당신이 그렇게 생각하기 때문입니다. 목적지까지 가는 데는 5분이 걸리는데 당신은 3분만 생각했던 것입니다. 당신이 자기 자신에게 압박을 가했고 그것을 확대했습니다.

현대는 스트레스의 사회가 아닙니다. 지금은 지구상에서 살았던 그 어떤 세대보다 가장 많은 혜택을 받고 호화로우며 편안한 세대입니다. 만일 당신이 압박감을 느끼고 지쳐서 쓰러진다면 그것은 잘못된 곳에 가치를 두었기 때문입니다. 당신은 스스로를 압박하고 있습니다. 문제는 우리 사회가 아닙니다. 선택은 당신이 한 것입니다. 삶에 일어나는 모든 것을 과장하거나 축소하는 사람은 바로 당신입니다.

"아무런 문제가 되지 않습니다!"

막 결혼한 젊은 목사 부부가 있었습니다. 그 사모님은 열두 명의 자녀를 낳을 거라고 사람들에게 말했습니다. 그들이 순회 사역을 하는 동안 아내가 임신을 하였습니다. 그녀는 돌아와서 모든 사람에게 이를 알렸습니다. 사람들은 모두 기뻐하였습니다. 그러나 반면 의사는 암이라고 진단하고 즉각 자궁절제 수술을 해야 한다고 했습니다. 또 그 의사는 생존할 확률이 50%밖에 되지 않으며, 수술을 하지 않으면 2주밖에 살 수 없다고 했습니다. 그 사모님은 완전히 넋이 나갔습니다.

어느 날 저녁 예배가 끝나고 저는 사람들과 웃음꽃을 피우며 얘기하고 있었습니다. 그때 이 사모님이 저에게 오더니 울면서 물었습니다. "앤드류 목사님, 의사들이 한 말을 들으셨나요?" 제가 항상 이렇게 반응하는 것은 아니지만 그때는 막 웃으며 이렇게 선포하였습니다. 저는 그때 하나님께서 역사하신 것으로 믿습니다. "하나님께는 암이 아무 문제가 되지 않습니다. 당신은 마치 주님께서 당신의 암을 치유하시고 나면 힘이 다 빠지셔서 아무것도 할 수 없으실 것 같이 행동하고 계시네요. 하나님께서 암을 고치시는 것은 어렵지가 않습니다. 아무 문제가 없어요!"

그분은 마치 한 대 얻어맞은 것 같은 표정을 지었습니다. 그리고 즉시 눈물을 멈추고 물었습니다. "저희 집에 오셔서 남편과 저에게 좀 더 얘기해주시겠어요?" 그래서 제 아내와 제가 그 집으로 가서 더 설명했습니다. 그분은 "그럼, 저는 어찌해야 됩니까?"

"그것은 당신의 선택입니다. 당신이 의사들에게 자궁절제 수술을 허락한다면 그들이 잘 하도록 믿고 기도하면 돼요. 만일 당신이 원한다면 그 길로 가면 되지요. 하지만 그렇게 하면 당신은 앞으로 아이를 가질 수 없어요."

"다른 선택의 길은 없나요?"

"그냥 하나님을 믿으면 되죠. 암을 고치는 것이 감기를 고치는 것보다 더 어려운 게 아니잖아요."

그녀는 물었습니다. "목사님은 그걸 정말로 믿으세요?" 그래서 저는 하나님을 높이고 찬양하며 영광 돌리기 시작했습니다.

나는 주님을 더 크게 만들고 암을 깎아내렸습니다. 암을 어렵게 만드는 유일한 길은 당신이 암에다 큰 가치를 부여하는 것뿐입니다.

그녀는 결국 하나님을 믿기로 결정하였습니다. 그러자 의사들은 그녀가 죽을 경우를 대비해 책임지지 않으려고 온갖 서류에 서명을 하라고 했습니다. 그들은 어리석은 선택이라며 그녀에게 겁을 주었습니다. 그 의사들은 그녀가 하나님의 말씀보다 그들의 진단에 더 큰 가치를 두게 하려고 힘썼습니다.

저도 의사를 무조건 반대하지는 않습니다. 우리 단체 이사회에도 의사가 한 분 계십니다. 저는 의사들을 주신 하나님께 감사와 찬양을 드립니다. 의사들이 없다면 수많은 그리스도인들이 이른 나이에 죽었을 것입니다. 그렇지만 의술은 자연적인 영역으로 제한되어 있으며, 많은 의사들이 하나님이나, 하나님의 말씀, 또는 하나님의 능력에 가치를 두지 않습니다.

이 의사들은 그녀가 하나님의 능력에 부여했던 가치를 변경시켜보려고 애를 썼습니다. 그렇지만 하나님의 은혜로 그녀는 자신의 입장을 굳게 지켰습니다. 그녀가 그 수술을 거부한 지는 벌써 언 20년이 되었고, 여러 명의 자녀를 두었습니다. 어떤 의사도 그녀의 진단 기록을 보고 나서는 아이를 받으려고 하지 않았기에 그녀는 아이들 전부를 집에서 분만해야 했습니다. 별 문제가 아니었죠.

당신에게는 무엇이 더 큰가?

당신은 무엇에다 가치를 둡니까? 당신에게는 무엇이 더 큽니까? 암이 당신에게는 하나님보다 더 큽니까? 그러나 주님을 높이고 주님을 더 크게 할 수도 있습니다. 그렇게 하는 방법은 주님을 찬양하고, 그분께 감사하며, 주님을 영화롭게 하는 것입니다. 성경 말씀에서 그와 비슷한 상황을 만나 극복한 사람을 찾아보십시오. 그 말씀이 당신의 은행 잔고, 또는 친인척들, 친구들 혹은 심지어 당신의 생각보다도 더 실제적으로 느껴질 때까지 깊이 묵상해 보십시오. 하나님의 말씀은 진리이며 주님이 당신의 환경보다 훨씬 더 크게 느껴지는 단계까지 이르러야 합니다.

여호사밧이 그를 공격해 온 막강한 군대와 전쟁하러 나갔던 이야기를 생각해 봅시다(대하 20장). 그가 찬양하는 사람들을 군대 앞에 세우고 여호와 하나님을 찬송하며 나가자 여호사밧의 군대가 칼도 빼지 않고, 화살 하나 날리지 않았는데도 하나님께서 적을 무찌르셨습니다. 당신도 이렇게 선포하십시오. "하나님, 정말로 하나님은 너무너무 크십니다. 하나님께서는 하나님을 찬양하는 자들을 통해 수천수만의 적군을 물리치셨습니다. 하나님은 참으로 우리가 경외할 분이십니다!" 이것이 바로 하나님을 더 크게 여기는 것입니다. 그러고 나서 의도적으로 당신의 문제를 무시하는 고백을 하십시오. "이런 것들은 아무런 가치도 없는 거야. 나에겐 전혀 중요하지 않아."

제 사역의 목적은 사람들이 저를 좋아하게 만드는 것이 아닙니다. 제가 사역하는 이유는 하나님께서 저의 인생에 사명을 주셨기 때문입니다. 하나님께서 저를 부르셨을 당시 저는 매우 내향적인 사람이었습니다. 수줍음을 잘 타고, 숫기가 없고, 어느 누구에게 말 걸기도 어려워했습니다. 사람들 앞에 선다는 것은 절대 하고 싶지 않은 일이었습니다. 그래서 처음 2년간은 너무 괴로웠습니다. 저는 두려움과 온갖 종류의 일들에 맞서 몸부림을 쳤습니다. 그런데 주님께서 저 뿐만 아니라 많은 사람들을 변화시키게 한 몇 가지 진리들을 저에게 알려주셨습니다. 그래서 저는 하나님께 대한 저의 사랑 때문에, 그리고 사람들을 돕고 싶어서 사역을 합니다. 그렇다고 당신이 저를 싫어하길 바라는 것은 아닙니다.

제가 말씀을 전한 후에 누군가가 저에게 자기는 제가 전한 말씀이 별로였다고 한다면, 그것이 저에게 기쁨을 주진 않을 것입니다. 그러나 이거 아십니까? 그런 말을 들었다고 해서 밤잠을 설치는 일은 제게 없을 것입니다. 그것 때문에 잠을 못 자지는 않습니다. 왜냐고요? 그런 일이 일어날 때, 신경 쓰지 않고 무시하기 때문입니다. 제가 사역하는 것은 내가 하나님을 크게 여기기 때문이며 하나님께서 저를 사역으로 인도하셨기 때문입니다. 사람들이 저의 사역을 좋아하느냐 마느냐는 크게 상관이 없습니다.

만일 당신이 주님을 증거하는 일을 두려워한다면, 그것은 하나님의 의견과 인정보다 사람들의 의견과 인정을 더 가치 있게 여기기 때문입니다. 사람들에게 조롱받거나 비판받거나 배척당할 가능성이 있기에 두려운 것입니다. 왜냐하면 하나님께 마땅한 가치를 부여하지 않았기 때문입니다.

새로워지고 회복되다

주님께서 당신의 삶에 역사하신 후에 사탄은 당신이 이런 모양으로든 저런 모양으로든 타협을 하는 상황으로 몰아넣으려고 합니다. 다른 것들이 당신에게 너무 중요한 나머지 그것을 유지하려고 애쓰다가 하나님께서 주셨던 그 계시로부터 멀어져가는 것입니다. 주님께서 우리에게 송신하시는 일('계시를 주시는 일'이라는 의미로 쓰임역자주)을 중단하지는 않으십니다.

하나님의 사랑과 기쁨, 평안과 치유, 기름 부음과 임재는 당신이 하나님을 강하게 경험했던 그때와 똑같이 당신을 위해 존재합니다. 하나님께서는 그때 당신을 사랑하셨던 것과 똑같이 지금도 당신을 사랑하십니다. 사실, 하나님은 당신이 인식하는 것보다 훨씬 더 당신을 사랑하고 계십니다! 하나님은 변함이 없으십니다. 당신이 하나님에 대한 가치를 낮추고 누군가를 혹은 그 무엇인가를 높인 것뿐입니다.

그러나 당신은 그 원래 자리로 돌아가서 하나님께 영광을 돌림으로 전에 경험했던 것들을 새로워지게 할 수 있습니다. 이렇게 선포하십시오. "하나님 아버지, 제가 하나님 외에 다른 것들에 높은 가치를 둔 것을 용서해 주십시오. 다른 사람들이 생각한 것을 하나님께서 말씀하시고 행하신 것보다 더 중요시했던 것을 용서해 주십시오. 하나님보다 스포츠에 더 많은 관심을 보인 것을 용서해 주십시오. 나의 사업과 가정과 여러 가지 다른 일들을 하나님보다 더 중요시했던 것을 용서해 주십시오. 제가 그런 것들을 하나님보다 앞세웠고 하나님을 잊어버렸습니다."

하나님께 영광 돌린다는 것은 하나님의 위대하심에 대해 이야기하는 것을 말합니다. 하나님께서 말씀하시고 행하신 것을 기억하십시오. 감사하십시오. 그러면 당신이 주님을 높이고 찬양할 때 주님께서 행하신 일이 새로워지고 회복이 될 것입니다.

저는 자주 지난날들을 기억하며 하나님께서 저의 삶에 행하신 것들을 기억합니다. 그 결과 그 일들이 처음보다 지금 더 실제적으로 다가 옵니다. 35년 전보다 지금 더 크게 느껴집니다. 저는 처음 사랑으로 돌아갈 필요가 없었습니다. 왜냐하면 한 번도 떠난 적이 없으니까요(계 2:4).

처음 사랑을 떠났다고 해도, 정죄감을 갖지는 마십시오. 그냥 주님께로 돌아가십시오. 그러나 하나님께 하나님의 사랑을 '새롭게 부어 달라' 고 구하지는 마십시오. 그것은 이렇게 말하는 것이나 다름없습니다. "주님, 주님께서 전에 행하신 일로는 충분치 않습니다." 하나님께서는 주시는 일을 중단하신 적이 없습니다.

당신이 받기를 멈춘 것입니다. 주님께로 가서 이렇게 말하십시오. "아버지께서 제게 말씀하시고 행하신 일에서 멀어져갔던 것을 용서해 주십시오. 제가 주님보다 다른 것들을 더 가치 있게 여기고 중시하고 높였습니다." 당신은 어디가 됐든 하나님을 떠났던 그 자리로 돌아가서 하나님께 합당한 가치와 평가와 존경을 부여하면 됩니다. 잃어버렸던 것이 무엇이든 그것을 다시 회복할 수 있습니다.

스스로를 격려하기

사실 당신은 어떤 것도 잃은 적은 없습니다. 만일 치유를 받은 적이 있다면 하나님의 치유의 능력은 아직도 당신 안에 있습니다. 그것은 사라진 적이 없습니다(롬 11:29). 하나님께서는 흘러 보내주기를 중단한 적이 없었는데, 당신이 받아들이기를 중단한 것입니다. 그때 그 자리로 돌아가서 그 영역에서 당신 자신을 세우십시오. 주님께서 이미 은혜로 공급해 주신 것을 믿음으로 받으십시오.

다윗은 그의 하나님 주 안에서 스스로를 격려하였다(David encouraged himself in the LORD his God)

사무엘상 30:6, 직역

다윗은 가장 힘든 가운데 있을 때에 하나님을 광대하게 여겼습니다. 당시 그의 부하들이 그를 돌로 쳐 죽이자고 했습니다. 그들이 사랑하는 아내와 아이들이 잡혀갔기 때문입니다. 그들의 소유물은 말할 것도 없고요. 다윗은 '이제 죽었구나.' 하고 낙담하는 대신, 주 안에서 스스로를 격려했습니다. 그는 곤란한 상황에서도 하나님을 높이고 영광 돌린 것입니다.

당신도 그렇게 할 수 있습니다. 당신은 실망하여 울부짖고 비명을 지르며 투덜거리고 불평하기로 선택할 수도 있습니다. 혹은 하나님을 높이고 영광 돌리기를 선택할 수도 있습니다.

1968년 이후로 저는 한 번도 낙심한 적이 없습니다. "살면서 문제가 없었나 보네요."라고 하실 테지만 저도 여느 사람들과 마찬가지로 문제가 많았습니다. 사실, 사역자들은 영적인 영역에서 눈에 보이지 않는 과녁을 달고 다니는 것과 마찬가지라 다른 사람들보다 더 많은 문제들이 있습니다. 그러나 저는 낙심하기보다는 기쁨과 평안으로 충만하기로 의식적인 결단을 내렸습니다. 그래서 저도 주 안에서 저 자신을 격려합니다.

때로는 하나님께 집중하기 위해 주변에 돌아가는 일상과 나를 완전히 단절해야만 할 때도 있습니다. 하나님을 높이고 그분께 영광 돌리기 위해 돌아가는 환경에 등을 돌려야만 할 때도 있습니다. 때로는 그렇게 하기 위해 이를 악물어야 할 때도 있었습니다. 그렇게 하고 싶어서 그런 것은 아닙니다. 긍정적인 감정도 없었습니다. 그러나 이를 악물고 이렇게 말했습니다. "하나님,

하나님을 높여 드립니다. 하나님은 놀라운 분이십니다!" 그러다 보면 오래지 않아 기쁨과 평안이 흘러넘치기 시작합니다.

죽은 자 가운데서 살아나다

저와 아내는 2001년 3월 4일 새벽 4시 15분쯤 전화 한 통을 받았습니다. 큰 아들 조슈아가 막내 피터가 죽었다고 전화를 한 것이었습니다. 죽은 지 4시간이 넘었다고 했습니다. 그때 우리도 여느 부모처럼 절망적인 생각이 들었습니다. 하지만 제가 이 책에서 나누는 내용처럼 슬픔과 비애가 하나님을 찬양하는 것보다 더 높은 자리를 차지하도록 허락하지 않았습니다.

아내와 제가 그 시간에 차를 몰고 시내로 들어가면서 저는 하나님을 찬양하기 시작했습니다. 저는 하나님의 신실하심에 감사를 드렸고 우리 아들에게 어떤 일이 일어났든지 상관없이 전심으로 계속 하나님을 섬기고 사랑하겠다고 하나님께 말씀 드렸습니다.

하나님을 높이고 그분께 영광을 돌리기 시작하자 마음속에서 믿음이 솟아올랐고 아들 피터가 살아날 것을 알았습니다. 병원이 있는 콜로라도 스프링스에 도착했을 때, 우리가 그 전화를 받은 지 5~10분 후에 막내 피터가 갑자기 일어나 앉아서 말을 하기 시작했다는 것을 알게 되었습니다. 그는 알몸으로 발가락에는 그의 이름표가 부착되어 시신이 보관되는 냉동고에 넣어졌습니다. 하지만 하나님께서 죽은 지 거의 5시간 후에 그를 죽은 자 가운데서 살리셨습니다. 예수님, 감사합니다! 아무런 뇌 손상도 없었습니다.

이 모든 일은 제가 어떤 것도 하나님의 자리를 차지하도록 허락하지 않았기 때문입니다.

이렇듯 선택은 당신에게 달렸습니다. 당신은 자기 자신을 세울 수 있습니다.

영광을 돌리라

아브라함은 믿음으로 견고하여져서 하나님께 영광을 돌렸습니다(롬 4:20).

하나님을 높이십시오. 하나님께 영광을 돌리십시오. 하나님께 가치를 두고 그분을 존중하십시오. 이렇게 말하십시오. "주님, 주님은 이 재정 문제보다 더 크시고, 결혼 문제, 인간관계 문제, 건강의 위기, 직장 문제보다도 더 크십니다. 하나님, 하나님은 그 어떤 것보다 더 크십니다. 하나님은 경외로운 분이십니다!" 당신이 하나님을 높이기 시작할 때 당신의 믿음은 저절로 성장합니다.

우리들이 더 많은 믿음을 발휘하지 못하는 이유는 우리가 하나님을 높이고 하나님이 우리의 문제보다 더 크시다고 우리의 말로 인정하는 시간을 보내지 않았기 때문입니다. 다음과 같은 말을 해야 합니다. "하나님, 하나님은 저의 문제보다 더 크십니다. 하나님은 지금 제가 직면하고 있는 이런 상황보다 더 크십니다." 당신이 하나님을 높이고 영광을 돌릴 때 당신의 믿음이 커지고 무슨 일이든 가능해집니다.

믿는 자에게는 능히 하지 못할 일이 없느니라

마가복음 9:23

그러나 하나님께 영광 돌리는 이 일은 당신에게 달려있습니다.

하나님이 제일 중요하십니다

오늘날 많은 그리스도인들이 이것을 잘 못합니다. 우리는 문제를 높입니다. 우리 사회는 별로 중요하지 않은 것들을 높이는 경향이 짙습니다. 그러므로 우리는 모든 것에 그에 맞는 가치를 부여해야 합니다.

어느 날 밤 백화점에 누가 침입하여 아무것도 훔치진 않고 대신 가격표를 모두 바꾸어 놓았습니다. 그로 인해 다음날 200불짜리 진공청소기가 8불에 팔리고, 8불짜리 물건이 200불에 팔리는 일이 벌어졌습니다. 그 백화점은 정오까지 그렇게 장사를 하고나서야 비로소 어떤 일이 벌어졌는지를 알게 되었습니다. 엄청난 피해를 입었습니다!

그게 바로 사탄이 우리에게 행하고 있는 일입니다. 사탄은 우리의 가치 체계에 침입하여 우리에 대한 가치를 바꾸어놓았습니다. 우리는 물질적인 것들에 너무 많은 관심을 둡니다. 하지만 그런 것들은 영원이라는 관점에서 비추어 보면 정말 중요하지 않은 것들입니다. 이 모든 것이 끝날 때 가장 중요한 분은 하나님이십니다.

사실 당신의 삶에서 유일하게 중요한 것은 당신과 주님과의 관계입니다. 그렇기 때문에 당신은 그것에 가치와 중요성을 부여해야 합니다. 일관성을 가지고 그렇게 하십시오. 그러면 당신은 치유와 기쁨, 평안과 자유함, 기름 부음과 능력 등 무엇이든 당신이 필요로 하는 것들로 늘 충만해질 것입니다. 얼마나 충만해지느냐를 결정하는 사람은 바로 당신입니다. 하나님께서 결정하시는 것이 아닙니다. 진정한 부흥이란 단지 당신이 하나님으로 충만해져서 그것이 다른 사람에게로 흘러넘치는 것입니다. 이것은 하나님께 달려있지 않습니다. 당신에게 달려있습니다.

제 5 장

기쁨을 앞에 두라

대부분의 그리스도인들은 하나님께서 그들을 위해 행하신 것을 유지하는 방법을 잘 알지 못합니다. 하나님께서 그들의 삶을 만지시면 그들은 하나님을 추구하게 됩니다. 그러나 6개월쯤 지나면 하나님을 알고 섬기는 일에 열정을 잃어버립니다. 이는 하나님께서 의도하신 바가 아닙니다.

로마서 1장 21절은 사람들이 어떻게 하나님의 존재와 그분이 죄를 미워하신다는 사실에서 멀어져 가는지를 보여주며 우리가 어떻게 하나님 앞에 책임이 있는지를 보여줍니다. 이 말씀은 하나님께서 우리 삶 가운데 행하신 일에 우리의 마음을 굳어지게 하고 둔감하게 만드는 우리의 행동 네 가지를 보여줍니다.

첫째, 우리는 하나님을 영화롭게 하지 않습니다. 우리는 하나님께 가치와 중요성을 두지 않습니다. 우리는 하나님께서 우리에게 주시는 계시를 존중하지 않습니다. '영화롭게 하다' 라는 단어는 하나님께서 말씀하시고 행하신 것에 대해 우리가 부여하는 가치를 말합니다.

대부분의 사람들이 하나님께 속한 것들에 마땅한 가치를 두지 않습니다. 하나님의 말씀과 하나님께서 우리의 삶을 어떻게 만지셨는지보다 다른 사람들의 의견과 경험들을 더 중요하게 여길 때 우리는 무감각해지기 시작합니다. 하나님께서 우리를 위해 행하신 축복과 유익, 그리고 기쁨은 우리가 그것에 마땅한 가치를 부여하지 않을 때 점점 사라지기 시작합니다.

마음의 고통 너머를 보기

하나님께서 당신의 삶에 말씀하시고 행하신 것에 긍정적인 가치를 부여할 뿐만 아니라 또한 당신에게 대항하여 오는 것은 무엇이든 무시해야 합니다. 이것은 양날의 칼과 같습니다!

"아버지, 저는 아버지께서 행하신 것에 가치를 둡니다. 저는 하나님을 영화롭게 하며 하나님께서 제 삶에 행하신 것을 높이 찬양합니다." 이렇게 말하는 것만으로는 부족합니다. 하나님의 말씀 외에 다른 것들에 대해서는, 상대적인 의미에서 무시하고 경시하려고 의식적인 노력을 해야 합니다.

예수님은 십자가를 져야 했지만, '그 앞에 있는 기쁨'에 집중하셨습니다(히 12:2). 자신의 생각을 사로잡으셨습니다. 그것이 저절로 되는 것은 아닙니다. 십자가를 향하여 나아가실 때 흥분과 행복

같은 감정이 있으셨던 것은 아닙니다. 십자가 너머를 바라보시고 거기서 기쁨을 보기 위해 노력이 필요했습니다.

예수님은 이것이 그의 아버지를 기쁘시게 하고, 아버지의 진노를 만족시키리라는 사실과, 그가 죽은 자 가운데서 살아나시어 아버지 우편에 앉으시리라는 사실을 바라보셨습니다. 예수님은 또한 당신과 나를 보셨습니다. 주님의 심장이 세상에 대한 사랑으로 벅차오르셨기 때문에 마음의 고통 너머를 보실 수 있었습니다.

부정적인 것들을 하찮게 여기기

이것은 승리를 가져다주는 중요한 열쇠입니다. 당신이 뭔가 의미 있는 일을 하려고 하거나 누군가의 삶에 선한 영향을 끼치려 한다면, 또한 성공을 원한다면, 당신과 그 성공 사이에는 여러 가지 문제들이 있을 것입니다. 성공하는 사람은 그러한 문제와 상처와 고통의 너머를 볼 줄 알고 해결책을 존중하고 높이고 중요시할 수 있는 사람입니다. 그런 사람들은 치러야 할 대가 너머에 있는 해답을 더 중요시하는 사람들입니다. 이것이 실패자와 승리자를 가릅니다.

제가 책을 통해 읽은 백만장자들은 모두가 한 번 이상 파산을 겪었지만, 그들 속에는 어떻게든 계속 앞으로 나아가게 하는 뭔가가 있었습니다. 그들은 성공의 길이 있다는 것을 확신하고 또 확신했습니다. 그래서 그들은 이 목표를, 즉 이 상급을 그들 앞에다 두었습니다. 그랬기 때문에 그들은 다른 사람들을 피해 간 성공을 잡을 수 있었습니다.

그와 정반대의 상황도 보았습니다. 어떤 사람들은 만사가 순조롭게 이루어질 것 같은데도 불구하고 피해의식을 가지고 있어서 뭔가가 실패하기를 기대합니다. 그리고 작은 문제가 벌어지자마자 마치 싸구려 가방처럼 그냥 무너져 버립니다. 문제는 외부에 있는 도전적인 상황이 아니고, 내면에 있는 실패감입니다.

주님께서는 그 앞에 즐거움을 두시고, 부끄러움은 무시하고 개의치 아니하셨습니다(히 12:2). 우리는 생각을 통해 모든 것을 확대하거나 반대로 축소시킵니다. 중요한 것은 당신에게 일어난 일이 아니라, 그 일을 어떻게 인식하고 처리하느냐 입니다.

당신이 부정적인 것들을 높일 때 그것은 넘어설 수 없는 것이 됩니다. 하지만 당신은 또한 거대한 것들일지라도 그것을 무시하고 축소시킬 수가 있습니다. 예수님께서 십자가와 그에 따르는 수치를 무시할 수 있었다면 당신도 무엇이든지 무시할 수 있습니다. 당신을 대적하는 것은 무엇이든지 무용지물로 만들 수가 있습니다.

항상!

내가 여호와를 항상 송축함이여 내 입술로 항상 주를 찬양하리이다

시편 34:1

대부분의 그리스도인들은 이 말씀을 알고 있지만, 이 말씀이 실제로 역사한다고 믿지는 않습니다. 그들은 이렇게 말합니다. "글쎄요. 어느 선까지는 하나님을 찬양할 수 있지만, 그걸 넘어서는 상황에서는 내가 주님을 찬양할 거라고 기대하지는 말아주세요." 바꾸어 말하면, 하나님의 말씀은 실제로는 '항상(모든 때)' 역사하지 못하며 특별한 상황은 제외한다는 말이 됩니다.

만일 하나님과 영적인 것들에 마땅한 가치와 중요성을 부여한다면 이 세상 그 어떤 것도 하나님과 비교될 수 없을 것입니다. 당신이 이 세상에서 어떤 것이든 무시하고 경시할 수 있다면 당신을 괴롭히거나 당신의 기쁨을 빼앗아 갈 수 있는 것은 아무것도 없습니다.

"하지만 이혼소송 중이라면요? 배우자가 외도를 했다면 어떻게 합니까? 끔찍한 일 아닙니까! 어떻게 그런 경우에 기뻐할 수가 있어요? 심리학에서는 현실을 부인하는 거라고 말할 텐데요."

그때는 주님께 초점을 맞추고 이렇게 말하면 됩니다. "예수님, 감사합니다. 천국에서는 장가도 아니 가고 시집도 아니 간다고

말씀하셨습니다(마 22:30). 이 땅의 삶은 일시적입니다. 나는 이 배우자가 아니라 주님과 함께 영원히 살게 될 거라서 너무도 기쁩니다."그거야말로 기뻐할 일이 아닙니까! "예수님, 감사합니다. 주님은 절대로 나와 이혼하지 않으십니다. 주님은 절대로 나를 버리거나 떠나지 않을 것입니다."(히 13:5) 당신은 이렇게 이혼소송 중이라도 기뻐할 수 있습니다.

당신의 세계를 변화시키라

만일 당신이 죽는다 해도 세상은 여전히 잘 돌아갈 것입니다. 언젠가는 모두가 죽지 않습니까? 인생은 끝나게 되어 있고 우리는 모두 죽음을 향해 가는 각각 다른 단계에 있을 뿐입니다. 젊은이들도 마찬가지입니다. 어제보다는 살날이 짧아졌습니다. "끔찍하네요!"라고 말할지 모르겠습니다. 허나 바울은 그렇게 생각하지 않았습니다. 그는 떠나서 주님과 함께 있을 강력한 소망과 여기 이 땅에 있으면서 사역하고자 하는 마음 사이에서 씨름하였습니다.

가치를 마땅한 곳에 둘 수만 있다면 죽음이 문제가 되지 않는 곳에 이를 수 있습니다. 의사가 당신에게 곧 죽을 것이라고 말한다면 그를 안아주며 이렇게 말할 수 있을 것입니다. "괜찮습니다! 나는 치유를 믿어요. 하나님께서 나를 치유하실 것을 믿습니다.

허나, 만일 내가 치유를 받지 못한다 할지라도 주님의 임재 가운데로 가는 것도 멋진 일입니다!"

만일 그렇게 할 수 없다면 그건 잘못된 곳에 가치를 두었기 때문입니다. 아직도 영원한 것보다 이 세상의 육신적인 삶과 물질적인 것들을 더 높이고 중시한다는 뜻입니다.

결혼생활도 놀랍고 즐거운 것입니다. 결혼생활을 주신 하나님께 감사와 찬양을 돌립니다. 그러나 만일 당신의 결혼생활이 너무도 중요하여 배우자가 없으면 살 수 없을 정도라고 하면 당신은 잘못된 곳에 가치를 둔 것입니다. 만일 당신의 결혼생활에 갑자기 풍랑이 불어서 못살겠다고 한다면 그것은 잘못된 가치관을 가진 것입니다.

위대한 부흥 전도자 요한 웨슬레의 결혼생활은 끔찍했습니다. 저는 런던에 있는 생가를 가 보았습니다. 그가 기도하고 있는 동안 그의 아내가 그를 발로 차고 후려치곤 했다고 합니다. 그녀는 하나님과 남편을 미워했습니다. 하지만 웨슬레는 그 아내와 20년 동안 함께 살았습니다. 아내가 그를 때릴 때에도 웨슬레는 그냥 계속 전진하며 하나님을 위해 세상을 변화시켰습니다.

하나님께 민감하게 반응하기

"하지만 나의 배우자는 나를 사랑하지 않고 저의 존재를 고마

워하지 않습니다. 그런데 제가 어떻게 영적으로 성장할 수 있겠어요?" 어린아이처럼 굴지 마시고 성장하십시오. 세상에 그보다는 더 큰 문제들이 있음을 인정하십시오. 어떤 상황에서든 계속 전진하면서 주님을 따르십시오.

예수님은 십자가 앞에서 그가 집중한 기쁨에 비하여 십자가는 아무것도 아닌 것으로 여겼습니다. 그는 옷이 벗겨지고, 침 뱉음을 당하고, 수염이 뽑히고, 이마에 가시 면류관을 쓰고, 등이 갈기갈기 찢어지고, 조롱을 당하셨지만 그 모든 것을 아무것도 아닌 것으로 여기셨습니다. 그런 것은 그분께 문제가 되지 않았습니다. 그 너머에 있는 기쁨을 생각하셨기 때문입니다.

우리가 걱정하는 것의 대부분은 매우 하찮은 것들입니다. 이렇게 말하는 사람들이 있습니다. "내가 천국에 가면 하나님께 물어볼 게 많아요." 아니요. 당신은 그러지 않을 것입니다. 당신도 아시다시피, 천국에 가게 되면 모든 것을 알게 되고, 그러면 모든 것을 올바른 관점으로 보게 될 것입니다. 하나님의 위엄과 빛나는 광채를 보고서 당신은 이렇게 말할 것입니다. "내가 하나님께 그런 어리석은 질문을 하고 나의 작은 불평을 떠벌리지 않은 게 천만다행이로구나." 전능하신 하나님 앞에 서게 될 때 다음과 같이 말한다면 하나님을 존중히 여기는 게 아닐 것입니다. "하나님, 제가 원하는 것들은 왜 안 해주셨습니까?" 일단 하나님의 관점을 갖게 되면 당신의 삶은 변화될 것입니다.

문제가 크게 보이는 이유는 하나님을 작게 보기 때문입니다.

주님을 마땅히 높이고, 중요시하고, 가치 있게 여긴다면 주님이 크게 보일 것이므로 결과적으로 다른 모든 것은 문제가 되지 않을 것입니다. 중요하지도 않을 것입니다. 일단 이와 같은 태도를 갖게 되면 주변 상황은 당신을 위해 유리하게 역사할 것입니다. 치유도 더 쉽게 받을 것입니다. 재정이 더 잘 돌아갈 것입니다. 배우자에게 의존하지 않기 때문에 오히려 결혼생활이 더 나아질 것입니다. 배우자가 잘못을 해도 그것이 당신의 삶에 영향을 미치지 못할 것입니다. 당신은 그저 하나님과 계속해서 동행할 것입니다. 사실 그것이 배우자를 위해 할 수 있는 최고의 것이니까요.

제 아내는 제가 아내보다 하나님을 더 사랑한다는 것을 알고 있습니다. 또한 그 반대도 마찬가지입니다. 그것이 어떤 사람들에게는 상처를 주고 괴로움을 주겠지만, 제게는 축복입니다. 왜냐고요? 제가 뭔가 잘못하여 아내를 실망시킬 때도 있는데 만일 아내가 저의 행한 대로 제게 갚는다면 저는 어려움에 빠질 것이기 때문입니다. 그러나 아내는 주님께 헌신하였고 주님은 절대로 틀림이 없으십니다. 하나님은 언제나 동일하십니다. 하나님은 우선 첫째로 우리를 하나로 묶어주신 분이십니다. 그리고 우리의 결혼생활이 잘 유지되기를 원하시는 분이십니다. 저는 아내가 저보다는 하나님께 더 민감하게 반응하는 사람이라는 사실로 인해 크게 기뻐합니다.

정확한 시각

　예수님은 이 기쁨을 그 자신 앞에 두셨고 그로 인해서 십자가를 견디실 수 있었습니다. 만일 당신이 지금 견딜 수 없다면 아마도 그것 대신 집중할 기쁨을 앞에 두지 않았기 때문일 것입니다. 그림 위에 앉은 파리를 생각해 봅시다. 파리는 겹눈을 가지고 있어서 모든 것을 수천 가지 이미지로 봅니다. 바로 지금 당신은 이 보기 흉한 붉은 색의 얼룩을 2,000가지로 봅니다. 그러나 뒤로 물러서서 그 그림을 정확한 시각으로 본다면 그 작은 물감 얼룩이 얼마나 완벽하게 들어맞아서 그것을 걸작으로 만든다는 것을 알게 될 것입니다.
　당신이 그 문제에 너무 가까이 있기 때문에 그 밖의 것은 하나도 볼 수가 없어서 온 세상이 그것으로 인해 무너지고 있다고 생각합니다. 지금 그 일 말고 다른 것에 집중할 필요가 있습니다. 그것 너머를 보십시오. 눈을 들어서 당신의 발밑이 아닌 저 너머에서 어떤 일이 일어나고 있는가를 보십시오.
　예수님은 그의 문제를 하찮게 여기셨습니다. 그렇기 때문에 그것을 참을 수 있었습니다. 그는 부끄러움을 가볍게 여기시고 기쁨에 집중하셨습니다. 그러므로 당신도 그렇게 할 수 있습니다.

제 6 장

더 좋은 것은 하나님을 선택하는 것

믿음으로 모세는 장성하여 바로의 공주의 아들이라 칭함 받기를 거절하고 도리어 하나님의 백성과 함께 고난 받기를 잠시 죄악의 낙을 누리는 것보다 더 좋아하고 그리스도를 위하여 받는 수모를 애굽의 모든 보화보다 더 큰 재물로 여겼으니 이는 상 주심을 바라봄이라

히브리서 11:24-26

모세는 고난과 배척, 그리고 박해를 애굽의 모든 보화보다 더 귀중한 것으로 여겼습니다. 이는 결코 가볍게 볼 일이 아닙니다. 그는 당시 세계 최강국의 2인자였습니다. 역사에도 기록되기를 모세는 전쟁을 이끌어 이디오피아를 쳐부수었다고 합니다. 그는 큰 권세의 자리에 오른 장군이었지만, 하나님의 뜻을 이 모든 재물과 권세보다 더 높게 여겼습니다.

당신은 무엇을 존중합니까?

만일 당신이 그 지위에 있었다면 자신을 노예와 동일시한다는 것은 몸부림을 쳐야 할 일이었을 것입니다. 만일 하나님께서 "너와 함께 자란 이 애굽인들이 실은 네 백성이 아니다"라고 말씀하신다면 당신은 아마도 괴로움에 몸부림을 칠 것입니다. 왜냐고요? 당신은 "주님, 제가 포기해야 하는 것들을 한번 보십시오!"라고 말할 것이기 때문입니다. 하나님의 뜻을 따르기 위해 몸부림쳐야 하는 이유는 이미 다른 것들에 가치를 부여했기 때문입니다.

모세가 그렇게 할 수 있었던 것은 그가 마음속으로 결정을 했기 때문입니다. "하나님의 뜻을 행하는 것은 나에게는 왕좌를 잃는 것보다 훨씬 더 중요하다. 그리스도와 함께 고난을 당하며 이 권세와 재물을 포기하는 것은 내가 받을 상급에 비하면 아무것도 아니다. 설령 내가 40년 동안 광야에 나가 있어야 한다 할지라도 그리스도께 더 가치가 있다. 하나님께서 나에게 주신 내 사명을 이루는 것은 나에게는 애굽이 줄 수 있는 모든 것보다 더 귀중하다." 이것이 바로 그가 그렇게 할 수 있었던 이유입니다.

때로 우리는 크나큰 희생을 치른 사람들을 바라보며 '저들은 어떻게 저렇게 할 수 있었을까?' 하며 의아해합니다. 그들도 잘못된 가치관을 가졌다면 그렇게 하지 못했을 것입니다! 사람들은 일반적으로 그들이 가장 귀하게 여기고 중요시하고 존중하는 것을 하게 되기 마련입니다. 그러므로 문제는 뭘 해야 될지를 아는 것이 아닙니다. 우리의 가치관이 너무도 비뚤어져 있어서 바른 결정을 내린다면 잃을 게 많다고 느끼기 때문에 바른 결정을 내릴 수가 없는 것입니다.

모세는 마치 모든 것을 잃은 것처럼 보였지만, 그는 그 너머를 보았습니다. 그는 그의 상급을 바라보았습니다(히 11:26). '바라보다' 라는 말은 '다른 것들에서 눈을 돌려 한 가지 것에 고정하다' 라는 뜻입니다. 모세는 그의 상급 이외의 모든 것에서 눈을 돌렸습니다. 바꾸어 말하면, 그는 앉아서 그가 포기해야 하는 것들을 곰곰이 생각하며 계산하기를 거부하였습니다. 그는 모든 것에서 눈을 돌려 하나님께서 그에게 약속하신 것에만 전념하였습니다. 그가 그렇게 하지 않았더라면 우리는 모세에 대한 이야기를 들을 수 없었을 것입니다.

하나님을 선택하면 언제나, 항상 매번, 당신에게 최고의 유익을 가져다줍니다. 모세가 많은 것을 포기한 것처럼 보이지만, 그는 하나님을 선택하여 전 세계의 흐름을 바꾸어 놓았습니다. 오늘날 모세의 이름을 들어보지 못한 그리스도인은 지구상에 하나도 없습니다. 유대인들과 무슬림들 및 대부분의 세상 사람들 역시 그의 이름을 압니다. 거의 모든 사람들이 모세에 대하여 들어본 것입니다! 그러나 만일 그가 애굽의 보화를 선택했더라면 오늘날 이 세상에서 그에 대한 이야기를 들어본 사람은 아무도 없었을 것입니다. 모세는 더 좋은 편을 선택하였습니다. 당신이 하나님의 방법을 선택하면 그것은 항상 결국에는 당신을 위해 더 유리하게 역사할 것입니다. 그러나 문제는 우리가 다음과 같이 말한다는 것입니다. "주님, 만일 주님께서 나에게 요구하시는 것을 해야 한다면 저는 많은 것을 포기해야 할 겁니다!"

"어림도 없지!"

베트남에서 귀국한 후에 저는 공립학교 관련 회사의 사진 제작 부서에서 일을 시작하였습니다. 비록 대학을 중퇴하긴 했지만 제가 가진 모든 것을 그 직장에 바쳤습니다. 저는 사진을 현상하고 편집해서 각 학교에 배달을 했습니다. 그게 제 일이었고 저는 그것을 주께 하듯 했습니다. 저는 제 일을 위해 기도했고 저의 최선을 다 쏟아 부었습니다.

몇 달이 지나자 사장이 제게 이렇게 말했습니다. "나는 정말로 자네가 맘에 들고 자네가 하는 일도 만족스럽네. 그래서 정규직을 주려고 하네. 여기서 35년간 일하고 은퇴하면 연금을 받을 수 있어. 문제는 자네가 최소한 5년간은 헌신을 해야 한다는 것이네." 그는 저를 관리직에 앉히길 원했습니다. 이제 겨우 스무 살밖에 안 된 저를 말이지요.

이것은 대학 중퇴자인 저에겐 굉장한 기회였습니다. 그렇지만, 주님께서 저에게 사역의 길로 들어가야 한다고 말씀하신 때가 또 바로 그때였습니다. 그래서 저는 결정했습니다. "어림도 없지!"

비록 제 인생에 대한 하나님의 계획을 많이는 알지 못했을 때였지만 저는 그것을 더 가치 있게 생각했습니다. 그때는 그것이 진짜 시험거리였습니다. 그러나 지금은 뒤를 돌아보며 이렇게 생각합니다. "감사합니다, 예수님. 내가 그 사진 현상하는 직장을 선택하지 않은 게 너무 감사합니다!"

하나님께서 제 삶에 행하신 일은 사진 현상소 관리인이 되는 것보다 훨씬 더 큽니다. 훨씬 더 엄청난 일들을 행하셨습니다. 내가 그 직업을 선택했더라면 그 시골구석에서 빠져나오지 못했을 것입니다. 그런데 지금은 세계 곳곳을 누비며 모든 계층의 사람들에게 말씀을 전하고 다닙니다. 얼마나 놀라운 특권을 누리고 있는 것입니까!

하나님을 선택하는 편이 언제나 더 좋습니다. 당신의 가치 체계를 바꾸고 하나님 외에 모든 것은 무시해버리면 됩니다. 주님 외에 모든 것에는 등을 돌리는 단계에 이르십시오. 이렇게 기도하십시오. "아버지, 제가 원하는 것은 당신 뿐입니다. 제 인생에서 필요한 것은 아버지의 뜻 뿐입니다."

바울의 가치 체계

바울은 하나님을 아는 지식에 비하여 그가 가진 모든 것을 가치 없는 것으로 여겼습니다. 실패하고 잘못한 것을 말한 것이 아닙니다. 바울이 언급하고 있는 것은 그가 받은 교육이며 학위 및 업적들입니다. 바울은 아마 그 당시 가장 교육을 잘 받은 사람들 중 하나였을 것입니다. 그는 이스라엘 민족 가운데 가장 잘 나가는 랍비였습니다. 세상에서는 이 모든 것들이 그에게 도움이 되었습니다.

> 그러나 무엇이든지 내게 유익하던 것을 내가 그리스도를 위하여 다 해로 여길뿐더러 또한 모든 것을 해로 여김은 내 주 그리스도 예수를 아는 지식이 가장 고상하기 때문이라 내가 그를 위하여 모든 것을 잃어버리고 배설물로 여김은 그리스도를 얻고
>
> 빌립보서 3:7,8

여기서 '여기다'는 말은 히브리서 11장 26절에서 '여기다'로 사용된 것과 동일한 헬라어입니다. 히브리서 11장 26절에서는 모세가 하나님을 섬김에 따라오는 박해를 애굽의 모든 보화보다 더 큰 부요로 여겼다고 말합니다.

바울도 하나님을 가치 있게 여기고 그 밖의 모든 것은 무시하였습니다. 그가 받은 교육과 업적에 부여한 가치는 배설물과 같았습니다. 우리는 우리의 배설물로 무엇을 하는지 아십니까? 우리는 그것을 액자에 넣어 벽에 걸어둡니다.

"예수님이죠!"

그리스도를 아는 지식 이외의 모든 것을 진정 배설물로 여길 수 있다면 사람들이 와서 "우리가 당신을 죽이겠소!"라고 말할지라도 바울 같이 대답할 수 있을 것입니다.

바울의 대답입니다. "좋습니다. 나를 죽이시오. 나는 천국 가서 하나님과 함께 있을 테니까."

그러나 우리 가운데 이렇게 반응할 수 있는 사람은 극소수일 것입니다. 왜요? 그리스도를 친밀하게 경험적으로 아는 지식 이외의 모든 것을 배설물로 여기지 않았기 때문입니다.

당신은 당신의 명성과 소유를 너무 가치 있게 여기고 있습니다. 그것들을 가치 있게 여겨서는 안 된다는 말은 아닙니다. 주님과 그분의 능력에 부여하는 높은 가치에 비추어 볼 때 그런 것들의 상대적인 가치는 약화되어야 한다는 뜻입니다. 만일 어떤 사람이 당신의 머리에 총을 겨누며 "당신의 생명과 하나님 중 하나를 지금 선택하시오."라고 한다면 선택의 여지가 없을 것입니다. "예수님이죠. 주님, 나는 주님을 위해 기꺼이 죽겠습니다." 그렇게 할 수 없다고 생각할지 모르겠지만, 당신은 할 수 있습니다.

성경 속에 어떤 업적을 이룬 사람들은 모두 하나님을 영화롭게 한 사람들이었습니다. 그들은 하나님께서 말씀하신 것과 그들의 인생에 대한 하나님의 계획에 더 많은 가치와 중요성을 부여하였습니다. 그들은 그들 자신을 사랑하는 것보다 하나님을 더 사랑하였습니다. 그것이 열쇠입니다.

하나님의 계획을 더 사랑하게 되다

자기 소유를 가치 있게 여기는 것보다 하나님의 것들을 더 가치 있게 여기는 단계까지 가야 합니다. 자기 자신의 생명보다 주님께 더 귀한 가치를 둘 때 그리스도인의 신앙생활은 쉬워집니다.

대부분의 사람들은 하나님께서 당신이 하고 싶지 않은 일을 시킬 거라고 믿습니다. "주님께서 나를 저 아프리카 오지로 보내실지 몰라." 하나님은 당신을 해하기 위해 일을 꾸미지 않으십니다. 하나님께서는 절대 그렇게 일하지 않으십니다.

또 여호와를 기뻐하라 그가 네 마음의 소원을 네게 이루어 주시리로다

시편 37:4

이 말씀은 하나님께서 당신이 원하는 것이면 무엇이든지 주시겠다는 뜻은 아닙니다. 다만 하나님께서 당신의 마음속에 그분의 소원을 넣어두신다는 의미입니다. 주 안에서 기뻐할 때, 즉 다른 어떤 것보다 하나님을 더 가치 있게 여기고 존중할 때 당신은

원하는 것은 뭐든지 할 수가 있습니다. 왜냐하면 당신의 소원이 바뀌기 때문입니다. 만일 주님께서 당신을 아프리카 오지로 보내기 원하신다면, 그리고 당신이 주 안에서 기뻐하고 있다면, 당신은 아프리카 외에 다른 어느 곳에서는 행복하지 못할 것입니다. 당신은 그곳을 사랑하게 될 것입니다!

멕시코에 선교사로 나가 있는 제 친구 부부가 있습니다. 그들은 지금 20년 넘게 그곳에 살고 있습니다. 그들은 미국으로 돌아올 생각도 하지 않고 있습니다. 그들은 그곳을 너무 사랑합니다. 왜냐하면 하나님께서 그들을 부르신 곳이 바로 그곳이기 때문입니다.

제 7 장

감사는 하나님을 영화롭게 한다

하나님의 충만을 유지하는 두 번째 열쇠는 감사입니다.

> 감사하지도 아니하고
>
> 로마서 1:21

4장에서 우리는 하나님을 높이는 것이 하나님을 영화롭게 하는 것임을 살펴보았습니다. 이 진리에 비추어서 시편 69편의 다음 구절을 생각해 보십시오.

> 내가 노래로 하나님의 이름을 찬송하며 감사함으로 하나님을 위대하시다 하리니
>
> 시편 69:30

하나님을 영화롭게 하고, 높이며, 감사하는 것은 모두 서로

연관되어 있으며 서로 얽혀있습니다. 하나님을 영화롭게 하기 위해서는 감사를 해야 합니다. 하나님께 감사를 드릴 때 하나님께서 말씀하시고 행하신 것을 자신에게 생각나게 하는 것이며, 그것이 하나님을 높이는 것입니다. 당신이 이런 식으로 주님을 생각할 때 주님은 당신의 삶에서 점점 더 커지고 더 힘을 가지게 됩니다. 하나님을 진정으로 높이고 영화롭게 하기 위해서는 하나님께서 행하신 일에 감사해야 합니다.

기억과 겸손

감사치 아니함은 우리 세대의 어두운 그림자 중 하나입니다.

> 너는 이것을 알라 말세에 고통하는 때가 이르러 사람들이 자기를 사랑하며 돈을 사랑하며 자랑하며 교만하며 비방하며 부모를 거역하며 감사하지 아니하며 거룩하지 아니하며… 쾌락을 사랑하기를 하나님 사랑하는 것보다 더하며
> 디모데후서 3:1,2,4

'감사치 아니함'이 '거룩하지 아니함' 바로 앞에 열거되어 있습니다. '비방' 과 '하나님보다 쾌락을 더 사랑하는 것' 과 같은 목록에 들어 있습니다. 바로 우리 사회를 그대로 묘사하고

있는 게 아니고 무엇이겠습니까! 오늘날 대다수 사람들이 감사를 하지 않습니다. 그들은 하나님의 선하심을 기억하거나 인정하지도 않습니다.

감사함에는 기억과 겸손이 수반됩니다. 당신을 위해서 행해진 좋은 일들을 기억하지 않고서는 감사를 할 수가 없습니다. 또한 겸손이 중요한 이유는 교만한 사람은 누군가가 그들에게 도움을 주어서 자신이 그 일을 완성했다고 생각지 않기 때문입니다. 그들은 모든 것을 '그들 자신의 힘으로' 완수했다고 생각합니다. 그들은 다른 어떤 사람이나 어떤 것의 도움과 기여를 인정하지 않습니다. "나는 내 힘으로 성공한 사람입니다"라는 태도가 오늘날 만연해 있습니다. 기억을 하는 사람은 극소수에 불과합니다.

> 내 영혼아 여호와를 송축하며 그의 모든 은택을 잊지 말지어다
>
> 시편 103:2

하나님께서는 당신이 기억하기로 결심하지 아니하면 잊어버릴 것을 아셨기 때문에 잊지 말라고 명령하셨습니다. 그런 이유로 해서 주님께서는 성경에 성찬식, 유월절 등 여러 절기들을 지키도록 규정해 놓으셨습니다. 이는 또한 그들이 단을 쌓았던 이유이기도 합니다. 사람들로 하여금 기억할 수 있게 하기 위함이었습니다.

기억이 없으면 기능할 수 없다

기억은 당신이 가진 가장 강력한 기능 중 하나입니다.

어떤 남자와 여자가 결혼한 지 2주 후에 교통사고를 당했습니다. 여자가 운전을 하고 남자는 뒷좌석에서 잠을 자고 있었습니다. 남자는 비교적 다친 데 없이 무사하였지만, 아내는 거의 죽을 뻔했습니다. 여자는 가까스로 회복은 했지만 최근 12개월간의 기억을 상실하고 말았습니다. 그녀의 부모와 자신의 이름 및 그 사고의 일 년 전까지 일은 모두 기억했습니다. 하지만 그 후의 기억은 사라졌습니다.

기억을 잃어버린 사고 이전 열두 달은 그녀가 이 남자를 만나서 사랑에 빠져 결혼했던 기간이었습니다. 그녀가 남편을 기억하지는 못했지만 모든 사람이 그녀에게 이 사람이 자기 남편이라고 말해 주었습니다. 그녀는 퇴원하여 그와 함께 집으로 갔습니다. 하지만 여전히 남편을 기억하지 못했습니다. 그들은 신체접촉을 하려고 시도하였지만 그녀는 그것을 감당할 수가 없었습니다. 마침내 그들은 각각 다른 곳으로 이사를 하고 처음부터 연애를 다시 하지 않으면 안 되었습니다. 왜 그랬을까요? 그녀가 기억을 하지 못함으로 인해 관계를 지속할 수 없었기 때문입니다.

만일 당신이 기억을 할 수 없다면 그것이 당신의 삶에 어떤 영향을 줄지 생각해 보십시오. 당신의 결혼생활, 자녀들, 직장 및 교회의 상황에 어떤 일이 벌어지겠습니까? 기억이 없으면 기능을 할 수가 없습니다. 그럼에도 불구하고 하나님의 선하심을 기억하는 사람들이 별로 없습니다.

결코 잊지 말라!

하나님께서 당신의 삶에서 행하신 일들을 유지하기 위해서는 감사하는 사람이 되어야 합니다. 끊임없이 뒤로 돌아가서 당신이 경험한 승리와 당신이 하나님을 만난 사건들을 떠올려야 합니다. 어떤 그리스도인들의 경우에는 주님을 섬긴 세월이 없어서 매일매일이 완전히 새로운 날 같습니다. 아침에 일어나면 자기가 그날 밤에도 하나님을 섬기고 있을 것인지 아닌지 확신이 없다는 말입니다. 그저 그날 일이 어떻게 돌아가느냐에 달려있습니다. 그들은 밖에 나가서 하나님을 부인하기를 원치 않고 충성을 다하길 바라지만, 보장은 없습니다. 그들은 어떤 선택을 할지 자신이 없기 때문에 타협적인 상황은 절대 그들의 삶에 없어야만 합니다.

저의 삶은 그와 정반대입니다. 1968년 3월 23일 이후 지금까지 거의 매일 하나님께서 나의 삶에서 행하신 것을 기억하며 살아왔다고 진실하게 말할 수 있습니다. 저는 감사할 게 많은 사람입니다! 저는 늘 주님께 감사를 드립니다. 하나님께서 제 삶을 만지신 때를 기억하려고 저 자신을 독려하기 때문에 한 번도 그때를 잊어버린 적이 없습니다.

구덩이를 기억하라

의를 따르며 여호와를 찾아 구하는 너희는 내게 들을지어다
너희를 떠낸 반석과 너희를 파낸 우묵한 구덩이를 생각하여
보라

이사야 51:1

주님을 바라보고 또 주님 안에서 당신의 위치를 바라보는 것과 동시에 또한 당신이 빠져 나온 그 구덩이를 기억해야 합니다. 그러면 당신이 행동하는 방식이 바뀌게 될 것입니다. 만일 어느 날 아침 사탄이 하나님을 부인하도록 저를 압박한다 하더라도 저는 그렇게 할 수 없을 것입니다. 제게는 주님과 함께한 세월이 있기 때문입니다. 저는 거듭남의 가치를 거의 50년 가까이 누려왔고 저의 사고방식과 삶 속에 전심으로 하나님을 구했던 40년의 세월이 녹아있기 때문입니다. 누군가가 다가와서 주님을 부인하게 하려고 해도 저는 그렇게 할 수 없을 것입니다. 주님은 그 오랜 세월 동안 나의 삶에 너무도 중요한 부분을 차지하고 계셨기 때문입니다. 그런데 아침에 일어날 때마다 주님께서 그들을 위해 행하신 모든 것을 까마득히 잊어버리는 사람들이 있습니다.

저는 하나님께서 제 삶을 만지셨을 때 제가 있었던 장소도 기억하고 있습니다. 그게 너무도 극적이고 중요했기에 그것과 비교할 만한 게 없습니다. 저를 유혹해서 하나님으로부터 돌아서게

할 수 있는 것은 아무것도 없습니다. 저 또한 사람들이 저지르는 죄를 저지를 가능성이 있지만 갑자기 죄를 저지르지는 않습니다. 제 마음은 하나님께로 고정되어 있으며 제가 지금까지 경험한 승리들을 항상 떠올리고 있습니다. 저는 하나님을 영화롭게 하며 하나님께 감사합니다!

이러한 기억들과 주님을 위한 이런 열정이 시들어지게 하는 데 얼마나 걸릴지, 즉 하나님을 부인하는 데 혹 6개월이 걸릴지, 1년이 걸릴지, 2년이 걸릴지, 아니면 3년이 걸릴지 저는 모릅니다. 저도 죄를 저지를 가능성이 있겠지만, 그러나 지금 저로 하여금 죄를 짓게 만들 수는 없습니다. 저는 하나님을 사랑하며 또 하나님께서 행하신 것을 기억하고 있기 때문에 당신은 내가 오늘 하나님을 등지고 간음을 행하게 할 수 없습니다.

당신은 하나님께서 당신의 삶에서 이미 행하신 일들에 대해 그것을 기억하고 감사하며 하나님께 영광을 돌리고 있습니까? 아니면, 감당 못할까봐 마귀가 당신의 길에 유혹의 덫을 놓아두지 않기를 바라면서 다니고 있습니까? 뒤를 돌아보고, 당신의 승리를 떠올리며, 감사를 드리는 것에는 강력한 힘이 있습니다.

제 8 장
일깨워 생각나게 하다

기억은 대단히 강력한 힘입니다. 베드로는 그의 두 번째 서신에서 그것을 세 번이나 언급하였습니다.

> 그러므로 너희가 이것을 알고 이미 있는 진리에 서 있으나 내가 항상 너희에게 생각나게 하려 하노라 내가 이 장막에 있을 동안에 너희를 일깨워 생각나게 함이 옳은 줄로 여기노니
>
> 베드로후서 1:12,13

> 내가 힘써 너희로 하여금 내가 떠난 후에라도 어느 때나 이런 것을 생각나게 하려 하노라
>
> 베드로후서 1:15

사랑하는 자들아 내가 이제 이 둘째 편지를 너희에게 쓰노니
이 두 편지로 너희의 진실한 마음을 일깨워 생각나게 하여

베드로후서 3:1

만일 당신이 스스로를 일깨우지 못한다면 당신은 밑바닥으로 내려앉을 것입니다. 그러므로 과거로 돌아가서 기억하십시오. 하나님께서 적어도 한 번 이상은 당신을 위험에서 건져주셨을 것입니다. 잠시 앉아서 주님께서 얼마나 은혜를 베풀어 주셨는지 생각을 해본다면 당신의 모든 관점이 개선될 것입니다. 만일 당신이 '하나님, 도대체 지금 어디에 계십니까? 정말로 나를 사랑하십니까?' 라고 하나님을 의심한다면 지금 당장 이전으로 돌아가서 주님께서 당신을 위해 행하신 그 놀라운 일들을 생각해 보십시오.

하나님은 단순한 자를 지키신다

전에 플로리다에서 몇몇 목사님들과 함께 이야기를 나누며 서로의 경험을 얘기하고 있었습니다. 저는 비행기 조종사와 함께 소형 비행기를 탔던 이야기를 그들에게 해 주었습니다. 비행기가 얼마나 작았던지 그 조종사의 저쪽 어깨가 창문에 닿았고 제 어깨도 창문에 닿았으며 우리 두 사람의 다른 쪽 어깨는 서로

부딪혔습니다. 그러다가 그 비행기가 갑자기 롤러코스터처럼 위아래로 요동을 치는데, 한 번은 천 피트나 떨어지기도 하고, 거의 비스듬히 날기도 했습니다. 완전히 난장판이었습니다.

조종사라는 사람은 핸들을 놔 버리고서 두 손으로 얼굴을 감싸고는 비명을 질렀습니다. "하나님, 우리 죽습니다! 죽는다고요!" 그러더니 그가 몸을 움츠렸습니다. 이 비행기 안에는 그와 나 둘 뿐이었습니다. 그래서 제가 한 손으로 비행기를 조종하고 다른 손으로는 그를 흔들면서 이렇게 말했습니다. "이 비행기 안에서 죽게 하려고 하나님께서 나를 베트남전에서 살려주신 게 아냐!" 저는 한 시간 이상 그 비행기를 조종해야 했습니다.

그때 우리는 알라모고르도Alamogordo 소총 사격장 위를 날아가고 있었습니다. 거기서 무선으로 연락을 해 우리를 격추시키겠다고 했습니다. 제가 그들에게 대답했습니다. "저기요, 조종사가 지금 정신이 없습니다! 좀 봐주세요. 될 수 있는 대로 빨리 여기서 빠져나가겠습니다." 그러자 통제소에서 두 번 다시 말이 없었습니다. 아마 그들도 웃느라고 아무 말도 할 수 없었던 것 같습니다!

또 한 번은 1톤 가까이 나가는 3피트짜리 거대한 바위가 제 팔과 머리 위로 굴렀습니다. 저는 즉시 벌떡 일어나 예수의 이름을 외치며 소리를 지르기 시작했습니다. "나는 치유를 받았다! 나는 고침을 받았다!" 그리고 나서 약 30초 후에 잠시 멈춰 살펴보니 모든 게 정상이었습니다. 할렐루야! 그래서 그 바위에다 이런 글귀를 새겨 기념비를 세웠습니다. "1999년 8월 25일. 이 바위가 내 손과 팔과 머리 위로 굴렀을 때 예수님께서 나의 생명을 구해 주셨다. 시편 116:6." 그 구절은 이런 말씀입니다.

여호와께서는 순진한 자(원어의 뜻은 '단순한 자the simple' 역자주)를 지키시나니 내가 어려울 때에 나를 구원하셨도다

저는 그 장소를 지날 때마다 그것을 보고 하나님께 감사를 드립니다.

사망에서 벗어나다

이 목사님들과 이야기를 나누면서 제가 거의 죽을 뻔했던 30여 가지 사례들이 생각났습니다. 한 번은 밤 11시에 호텔 풀장 밑바닥에서 제 형이 저를 발견하여 끄집어 올린 적도 있었습니다. 공중돌기를 시도하다가 다이빙보드에 머리를 부딪치고 그만 나가 떨어졌던 것입니다. 제 형이 제 생명을 구해준 것입니다. 또 한 번은 천 피트의 절벽에서 떨어질 뻔했는데 형이 잡아주었습니다. 이런 일들을 기억할 때마다 깊은 감동을 받게 됩니다.

그래서 주님께 이렇게 말씀드립니다. "아버지, 아버지께서는 저의 삶에 목적이 있으시고 아직은 저를 더 사용하기 원하십니다.

오늘 제가 살아있어야 할 이유가 있습니다. 주님의 놀라운 이름을 찬양합니다." 이 목사님들과 그런 대화를 나눈 지 벌써 일 년이 더 지났음에도 불구하고 감사의 순간을 회상한 이후 저는 지금까지 하나님의 은혜와 선하심에 감격해 있습니다.

> 하나님은 우리에게 구원의 하나님이시라 사망에서 벗어남은
> 주 여호와께로 말미암거니와
>
> 시편 68:20

하나님께서 당신의 생명도 틀림없이 여러 번 구해주셨을 것입니다. 단지 당신이 잊고 살 뿐입니다. 이제 내가 당신의 기억을 되살려놓았으니 기억이 돌아올 겁니다. 만일 당신이 그런 승리의 경험들을 떠올리면서 하나님의 선하심에 대해 생각을 한다면 당신은 얼마 지나지 않아 기분이 날아갈듯 할 것입니다. 낙심은 그냥 떠나버릴 겁니다.

만일 당신이 우울하다면 하나님께서 당신을 위해서 행하신 일을 생각하지 않고, 그 대신, 마귀가 당신에게 하려고 하는 것을 생각하기 때문입니다. 그것은 앞에 있는 즐거움에 집중하고 있는 게 아닙니다. 다음과 같이 고백해야 합니다. "내가 죽는다 해도 나는 주님과 함께 있게 될 거야. 내가 가난하다 해도 천국의 황금거리에 나의 집이 준비되어 있어." 당신은 현재 상황을 바라보고 있습니까? 과거에 베푸신 하나님의 선하심을 잊어버리고, 또 하나님께서

당신에게 약속하신 미래의 선하심을 잊어버린 채 예수님과 그분이 행하신 일에서 먼저 눈을 떼지 않는 한, 그리스도인이 우울해지는 것은 불가능합니다. 당신은 그냥 모든 것을 잊고 있는 것입니다.

우울해지기 원한다면 당신이 곰곰이 생각할 수 있는 우울한 것들은 많습니다. 그러나 만일 당신이 바른 시각을 가지고, 감사하며, 하나님의 역사하심을 기억한다면 낙담할 이유가 없습니다. 당신은 다음과 같은 태도를 갖게 될 것입니다. "밖에서 어떤 일이 일어나든 상관없어. 내 안에 계신 하나님이 항상 더 크고 더 강하시다!"

내부의 진공

제가 초등학교 6학년 때 선생님이 과학 시간에 하셨던 실험을 지금도 생생히 기억합니다. 선생님은 1갤런들이 작은 가스 캔을 버너 위에 올려놓고 가열했습니다. 그것이 뜨거워지자마자 선생님은 뚜껑을 아주 단단히 잠갔습니다. 그리고 그 캔을 책상 위에 올려놓고 계속 가르치셨습니다. 공기가 차가워지자 그 캔 내부에 진공이 생겼습니다. 제가 그때 앞줄에 앉아 있었기 때문에 그 캔을 지켜본 기억이 생생합니다. 그 캔이 탁탁거리는 소리를 내기 시작하더니 아무도 만지지 않았는데 펑하고 폭발하였습니다. 그러더니 갑자기 찌그러졌습니다. 누군가가 커다란 망치로 내리친 것처럼 보였습니다. 그 캔은 바닥에 떨어졌고 계속 찌그러졌습니다. 저는 그 모든 과정을 전부 지켜보았습니다. 아무도 손대지 않았는데 진공상태가 된 캔이 자연의 대기압의 압력을 받아 벌어진 일입니다.

오늘날 사람들을 찌그러지게 하는 것은 외부의 압력이 아니라 내부의 진공상태입니다. 정상적인 환경에서는 그 캔 내부의 압력이 외부의 압력에 저항하는 데 문제가 없었습니다. 그러나 내부의 압력이 없기 때문에 정상적인 대기압이 그것을 찌그러지게 했던 것입니다. 어떤 사람들은 그들의 결혼생활에서 압력을 조절할 줄 모릅니다. 자신의 결혼생활이 얼마나 힘들고 어려운지 늘어놓기만을 좋아합니다. 그들은 이런 압력들에 커다란 가치를 부여하고, "내가 느끼는 고통을 아무도 모른다니까. 아무도 내 슬픔을 알아주지 않아."라고 말합니다. 그러고는 "나만큼 고통이 많은 사람은 이 세상에 없어."라며 신세타령을 하고 자신을 정당화시킵니다.

마귀가 당신을 속여 세상에는 당신과 같은 처지에 있는 사람이 아무도 없는 것처럼 생각하도록 당신이 허락한다면 제가 아무리 최선을 다해 말씀을 전하고 제가 아는 모든 것을 동원하여 당신에게 말해줄지라도 당신은 여전히 그 자리에 앉아서 "맞는 말씀이야. 그렇지만 나에게는 역사하지 않아."라고 할 것입니다.

사람이 감당할 시험밖에는 너희가 당한 것이 없나니

고린도전서 10:13

당신이 직면하는 시험은 어느 누구나 당하는 것들입니다. 우리가 가진 문제들은 거의 동일한 문제입니다. 포장은 다를 수 있어도 그 내용은 똑같습니다. 마귀가 가진 속임수는 많지 않습니다. 몇 가지만 가지고 다시 포장해서 여러 다른 사람들에게 재사용하는 것입니다. 그러나 당신이 "나만 이런 일을 당한거야"라고 하는 순간 당신은 거짓에 속아 넘어간 것이고 해답에서 멀어진 것입니다.

하나님의 능력을 넘어서는 압력이란 없습니다. 문제가 되는 것은 당신 내부의 진공입니다. 당신이 하나님을 영화롭게 하지 않고, 당신의 승리들을 떠올리지 않으며, 감사하지 않는다는 사실이 문제인 것입니다. 당신은 하나님께서 말씀하시고 행하신 것을 기억하기 위해 당신의 생각mind을 사용하지 않고 있습니다.

감사하라

하나님을 기억한다면 당신의 상황은 그리 나쁘지 않다는 걸 알게 될 것입니다. 당신이 거듭났던 때를 기억해 보십시오. 주님께서 당신을 무엇에서 구해주셨습니까? 당신의 전 존재를 휘감았던 그 기쁨과 평안을 기억해 보십시오. 주님께서 당신의 마음에 어떤 비전을 심어주셨습니까? 주님께서 어떤 말씀을 주셨습니까? 자신을 한 번 돌아보십시오. 그런 다음 이렇게 하십시오.

감사함으로 그의 문에 들어가며 찬송함으로 그의 궁정에 들어가서 그에게 감사하며 그의 이름을 송축할지어다. 여호와는 선하시니 그의 인자하심이 영원하고 그의 성실하심이 대대에 이르리로다

시편 100:4,5

설령 당신의 처지가 너무 좋지 않아서 원망과 불평을 쏟아놓지 않을 수 없다고 생각되더라도 감사함으로 그의 문에 들어가고 찬송함으로 그의 궁정에 들어가십시오. 5분마다 원망하는 대신, 10분 동안 하나님의 선하심과 인자하심에 대하여 하나님께 감사하십시오. 그렇게 하면 당신의 원망과 불평은 아주 작게 줄어들어 있을 것입니다. 그때 당신은 그 문제를 다시 바라보며 이렇게 말하게 될 것입니다. "별거 아니었네."

나는 불치병에서 기적적으로 고침받은 사람들이 감기로 쓰러지는 것을 보아왔습니다. 감기가 오래가다보니 그들의 믿음을 역사하게 하는 데에 어려움을 겪게 된 것입니다. 그래서 이렇게 말합니다. "만일 하나님께서 이 감기를 낫게 해 주지 못한다면 나는 그만둘 생각입니다." 그런 말을 들을 때는 정말 한 대 때려주고 싶은 심정입니다. 그리고 이렇게 말해주고 싶습니다. "당신은 하나님께서 행하신 일을 기억 못하세요? 이미 고침을 받은 적이 있는데 잊어버리셨군요. 그러고 보니 당신은 모든 것을 바르게 보지 못하고 균형에서 벗어나 있어요."

아무도 원망하고 불평할 권리가 없습니다. 그 누구도 주님 앞에 서서 "하나님, 하나님께서 나를 실망시키셨어요."라고 말할 수 없습니다. 낙심하여 약해지지 마십시오. 당신의 믿음과 열정을 지속하십시오. 그리고 주님으로부터 받기를 잘 하는 사람이 되십시오.

가벼운 환난

그러므로 우리가 낙심하지 아니하노니 우리의 겉사람은 낡아지나 우리의 속사람은 날로 새로워지도다

고린도후서 4:16

바울이 자기에게 아무 문제도 없다고 말하고 있는 것은 아닙니다. 그는 이렇게 말합니다. "나는 외적으로는 낡아진다. 이 모든 환경과 상황들은 내내 계속 나에게 일어나고 있다. 하지만, 나의 속사람은 날마다 새로워지고 있다."

우리가 잠시 받는 환난의 경한 것이 …

고린도후서 4:17

많은 사람들이 이렇게 생각합니다. "바울의 환난은 가벼운 것

이었나 보네요. 하지만 나의 것은 무거워요. 그래서 나는 당신이 말하는 것을 받아들일 수 없어요."

바울은 극한 고난들을 여러 번 겪었습니다. 바울이 말한 소위 "경한" 환난이라는 것들을 한번 살펴봅시다.

> 내가 수고를 넘치도록 하고 옥에 갇히기도 더 많이 하고 매도 수없이 맞고 여러 번 죽을 뻔하였으니 유대인들에게 사십에서 하나 감한 매를 다섯 번 맞았으며 세 번 태장으로 맞고 한 번 돌로 맞고 세 번 파선하고 일 주야를 깊은 바다에서 지냈으며 여러 번 여행하면서 강의 위험과 강도의 위험과 동족의 위험과 이방인의 위험과 시내의 위험과 광야의 위험과 바다의 위험과 거짓 형제 중의 위험을 당하고 또 수고하며 애쓰고 여러 번 자지 못하고 주리며 목마르고 여러 번 굶고 춥고 헐벗었노라 이 외의 일은 고사하고 아직도 날마다 내 속에 눌리는 일이 있으니 곧 모든 교회를 위하여 염려하는 것이라
>
> 고린도후서 11:23-28

불평할 권리가 없다

유대인들이 안디옥과 이고니온에서 와서 무리를 충동하니

> 그들이 돌로 바울을 쳐서 죽은 줄로 알고 시외로 끌어 내치
> 니라 제자들이 둘러섰을 때에 바울이 일어나 그 성에 들어갔
> 다가 이튿날 바나바와 함께 더베로 가서
>
> 사도행전 14:19,20

유대인들이 누군가를 돌로 칠 때 그들은 그 사람이 죽은 것을 확인할 때까지 멈추지 않았습니다. 그래서 아마도 제 생각엔 바울은 죽었다가 살아난 것 같습니다. 이런 일들은 바울의 '경한' 환난 중 일부에 불과합니다!

바울이 당한 환난들은 당신이 겪은 그 어떤 것보다 양에 있어서나 강도에 있어서 훨씬 더 중한 것들이었습니다. 만일 그가 "나의 환난들은 경한 것이었다."라고 할 수 있다면 당신은 원망과 불평을 할 권리가 전혀 없습니다. 당신의 문제들은 바울이 겪은 것에 비하면 근처도 못 갑니다.

주님을 찬양하라

히브리서 12장 2절에서 예수님이 십자가의 부끄러움을 개의치 아니하시고 무시하셨다고 하신 후에 하나님의 말씀이 이어집니다.

너희가 피곤하여 낙심하지 않기 위하여 … 참으신 이를 생
각하라 너희가 죄와 싸우되 아직 피 흘리기까지는 대항하지
아니하고

　　　　　　　　　　　　　　　　　　　히브리서 12:3,4

예수님께서 당신을 위하여 고난 당하신 것을 생각해 보십시오.
생명을 내놓을 정도로 고난을 겪어보기 전까지는 당신에게 불평
할 권리가 없습니다. 만일 당신이 살아있다면 마땅히 하나님을
찬양해야 합니다!

　　호흡이 있는 자마다 여호와를 찬양할지어다

　　　　　　　　　　　　　　　　　　　　시편 150:6

원망하고 불평하는 대신 하나님께 감사를 드려야 합니다.
"하지만 앤드류 목사님, 당신은 저의 처지를 모르시잖아요."
틀린 말씀! 당신이 가진 가치 체계가 하나님이 가지신 가치 체계
와 다를 뿐입니다. 당신은 자신의 문제, 상처, 고통에 높은 가치
를 두고 있습니다. 그러나 사실 당신은 불평할 권리가 없습니다.
하나님의 공급이 당신의 필요보다 훨씬 더 크기 때문입니다.

　　우리가 잠시 받는 환난의 경한 것이

　　　　　　　　　　　　　　　　　　　고린도후서 4:17

당신의 환난이 가벼운 이유는 그것이 일시적이기 때문입니다. 잠시 받는 것이기 때문입니다. 만일 당신의 삶에서 모든 것이 가혹하다고 생각된다면 당신의 판단 기준이 잘못된 것입니다. 자신을 주변인들과 비교하고 있는 것입니다. 아니면, TV에 그려진 전혀 비현실적인 실재를 바라보고 있는 것입니다. 만일 당신이 그런 것들을 당신의 표준으로 삼는다면 그것은 당신의 내부에서 불만족을 낳을 것입니다. 당신은 올바른 관점이 필요합니다. 하나님께서 행하신 일을 기억하도록 자기 자신을 독려하십시오.

제 9 장

하나님의 선하심을 기억하라

모든 사람들에게 하나님을 찬양할 이유가 있습니다. 그런데 만일 당신의 처지가 실제로 비참하다고 생각된다면 그것을 바른 관점으로 보고 이렇게 말하십시오. "하나님, 감사합니다. 이건 잠시일 뿐입니다!" 당신이 신체적, 물질적, 정서적으로, 또는 인간관계 등 어떤 모양으로 고난을 당하고 있든 그것은 잠시일 뿐입니다. 영원 속에서 억만 년 동안의 시간을 보낸 후 이때를 돌아보면, '그다지 나쁘지는 않았군!' 이라고 생각하게 될 것입니다. 영원에 비추어서 환경을 바라본다면 당신의 관점은 바뀌게 됩니다.

> 우리가 주목하는 것은 보이는 것이 아니요 보이지 않는 것이니 보이는 것은 잠깐이요 보이지 않는 것은 영원함이라
>
> 고린도후서 4:18

만일 당신이 우울해지고, 낙심이 되고, 기쁨을 잃어가고 있다

면 주님과 주님의 말씀을 바라보고 있지 않다는 뜻입니다. 만일 하나님의 진리가 당신의 삶에서 새롭지가 않다면 당신은 영원한 실재를 존중하고 있지 않는 것입니다. 자연적 영역에 더 높은 가치를 두고 물리적인 것들을 높이고 있다는 뜻입니다. 당신의 불만은 바로 거기서 시작되었습니다.

우울증은 유전자나 호르몬으로 인해 야기되는 것이 아닙니다. 화학적 불균형 때문도 아닙니다. 화학적 불균형이 일어나긴 하지만, 그것은 바로 잘못된 생각의 결과물입니다.

우리 바이블 칼리지 학생 중에 조울증 환자가 있었습니다. 한 번은 그가 복용하던 약을 먹지 않아서 발작을 일으켰습니다. 이 친구는 다음 주간에 우리와 함께 멕시코로 선교여행을 갈 예정이었습니다. 그는 치유를 받았다고 믿고 있었습니다. 제가 그에게 말했습니다. "형제, 나도 자네가 치유를 받은 것으로 믿지만, 우리는 자네가 외국 문화 속에서 누군가에게 해를 끼치게 할 수는 없네. 자네는 멕시코 감옥에서 살고 싶지는 않을 걸세. 치유가 나타날 것을 우리도 믿지만 자네가 발작을 할 경우에 대비해서 약을 가져가야 할 걸세. 우리는 자네를 사랑하기 때문에 자네를 안정시킬 적당량의 약을 꼭 가지고 가길 바라네. 그래야만 우리가 자네를 다시 여기 미국으로 데리고 올 수 있다네."

이 친구의 화학적 불균형이 그의 우울증을 야기시키는 게 아니었습니다. 잘못된 것에 집중하려는 그의 부정적인 경향이 문제였습니다.

당신의 생각을 고정시키라

당신의 감정은 몸에 영향을 미칩니다. 당신의 얼굴에 주름살을 만들며 머리칼을 희게 만듭니다. 스코틀랜드의 여왕 메리는 빨강머리였습니다. 그러나 두려움으로 인해 그녀의 머리는 짧은 시간에 눈처럼 하얗게 변했습니다. 의사들은 당신의 몸에 어떤 일이 일어나고 있는지를 발견해서 뭔가 처방을 해주려고 애쓰지만, 몸은 내면에서 일어나는 일에 대해 결과적으로 반응을 보일 뿐입니다.

> 육신의 생각은 사망이요…
>
> 로마서 8:6

육신적인 생각은 당신의 몸에 영향을 미칩니다.

> …영의 생각은 생명과 평안이니라
>
> 로마서 8:6

만일 당신이 생명과 평안을 경험하고 있지 않다면 그것은 당신의 육신적인 생각 때문입니다.

> 주께서 심지가 견고한 자를 평강하고 평강하도록 지키시리니
> 이는 그가 주를 신뢰함이니이다
>
> 이사야 26:3

평강은 당신의 생각과 연관되어 있습니다. 당신의 감정은 호르몬과 연관되어 있는 게 아니라 당신의 생각과 연관되어 있습니다. 만일 감정에 영향을 미치는 것이 오직 환경 때문이라면 나쁜 환경에 있는 사람은 다 항상 기분이 나빠야 할 것입니다. 하지만 그렇지 않습니다. 어떤 사람들은 당신보다 훨씬 더 열악한 환경에 있지만 주님을 기뻐하며 찬양을 합니다.

우리의 모든 문제들은 하나님과 하나님의 영원한 관점에 비하면 작은 것들입니다. 하나님은 저기 천국에서 안절부절못하며 "어머나, 큰일 났네, 어떻게 하면 좋지!" 하고 계시지 않습니다. 하나님은 걱정하지 않으시고 염려하지도 않으십니다. 우리가 가진 문제가 하나님을 어쩔 줄 모르도록 압도하지 못합니다. 하나님께서 이미 그의 아들을 통하여 우리를 위해 행하신 일에 비하면 우리의 문제는 아무것도 아닙니다. 우리는 하나님의 태도를 취해서 말씀을 통하여 하나님의 관점으로 모든 것을 보기 시작해야 합니다.

다만 감사하면서 하나님의 선하심을 기억하십시오. 특히 이스라엘 자손들이 출애굽하여 약속의 땅으로 가는 도중에 하나님께서 그들을 어떻게 지도하며 인도하셨는지를 공부해 보십시오.

시편 106편은 그들이 어떻게 하나님의 크고 놀라운 역사들을 잊어버리고 끝내는 여러 가지 문제들에 빠지게 되었는가를 세 번이나 이야기합니다(7,13,21절).

만일 당신이 하나님의 선하심에 마음과 생각을 고정시켜 놓는다면 당신은 실패할 수가 없습니다. 주님을 기억하는 것에는 강력한 힘이 있습니다. 만일 당신이 꾸준히 하나님을 생각하고 의식한다면 당신의 전 생애가 바뀌게 될 것입니다.

당신의 마음과 생각을 지키라

이것은 누가 오해하도록 도와주지 않으면 오해할 수도 없을 만큼 단순한 진리입니다. 하나님은 그것을 복잡하게 만들지 않으셨습니다. 우리의 삶과 사회와 가치관이 일을 복잡하게 만든 것입니다. 우리는 하나님께서 멸시하시는 것들을 높이 올려놓았습니다. 죄를 미화하고 높이는 연예인들과 음악인들을 높이 예우하고 경의를 표합니다. 리포터들이 그들의 사생활을 파고들어서 이들의 삶의 방식을 모두 알려줍니다. 그들이 출연한 영화와 음악에는 간음과 살인, 거짓말과 도둑질에 관한 것이 가득하며 그것을 통해 오스카상과 아카데미상을 수상할 때 하나님은 전혀 감동받지 않으십니다. 하나님은 우리가 하는 식으로 가치를 부여하지 않으시기 때문입니다.

슈퍼볼 선데이Super Bowl Sunday(미국 프로 미식축구 왕좌 결정전이 열리는 일요일역자주)에 모든 사람들이 게임을 볼 수 있도록 천국이 일시 폐쇄되지도 않습니다.

그건 사실 대단한 게 아닙니다. 슈퍼볼을 보는 것이 잘못되었다고 말하는 것이 전혀 아닙니다. 하지만 사람들이 작은 공을 쫓아 필드를 이리저리 달리면서 발로 차고 던지며 다른 사람들을 해치는 것을 보는 것이 교회에 가서 하나님에 대해 배우는 것보다 당신에게 더 중요하다면, 당신의 사고방식은 뭔가 잘못되어 있습니다. 매주 내가 응원하는 팀의 경기를 시청하는 것이 하나님보다 더 높은 가치가 있다면 당신에게는 뭔가 심각한 문제가 있는 것입니다.

당신은 자신의 지배적인 생각과 다른 반응을 보일 수 없습니다. 당신의 생각이 곧 당신입니다. 당신이 생각하고 있는 것이 당신의 삶을 그쪽으로 이끌어갈 것입니다. 잘못된 생각을 하고 있다면 당신의 마음과 생각을 지키기 위해 그 길에서 벗어나야 합니다. 모든 사람이 이런 연예인들의 발아래에 엎드려서 "정말 대단하네. 저들의 재산 좀 봐. 야, 어쩌면 저렇게 아름다울 수가!"라고 말할 때 "아버지, 저건 하나님께서 보시는 방법이 아닌 줄 압니다. 저건 하나님께 중요하지가 않습니다."라고 말하려면 상당한 노력이 필요할 것입니다. 하나님께서는 부wealth나 아름다움에 대해서 우리가 보는 것과는 다르게 보십니다.

사역에서도 이것은 매우 중요합니다. 제가 기도하지 않았더라면 지금은 세상에 없을 사람들이 있습니다. 또 제가 복음을 전하지 않았더라면 지금쯤은 지옥에 가 있을 사람들도 있습니다. 최근 어떤 분이 제게 편지하기를 그분의 아들이 교도소에서 제 설교 테이프를 듣고 일어난 일을 알려주었습니다. 그는 그 말씀을 듣고 거듭났으며 말씀을 통해 하나님께서 그의 삶을 완전히 변화시키셨습니다. 그리고 바로 그는 세상을 떠났지만, 감사로 벅찬 이 사람의 어머니가 연락을 해 오셔서 자기 아들이 삶의 마지막에는 평생에 처음으로 얼마나 행복했었는지를 제게 전해 주었습니다. 이런 소식을 들을 때마다 가치관을 바꾸어 이렇게 생각하게 됩니다. "하나님, 제가 정말로 뭔가를 했군요. 저는 아주 특별한 사람입니다!"

그래서 기억하는 것이 중요합니다. 제가 고등학교에 다닐 때까지 저는 모든 것에서 보잘것없었습니다. 너무도 숫기가 없고 겁이 많았기 때문에 상대방의 얼굴을 정면으로 쳐다보며 말을 걸 수도 없었습니다. 엄청나게 내향적이었고 제대로 되는 일이 없었습니다. 목적 없이 살았다고 볼 수 있지요.

"더 이상 억누를 수 없어요!"

기억은 당신이 현실에 충실할 수 있도록 도와줄 것입니다. 또한 자기 생각에 빠지지 않도록 도와주며 선한 싸움을 하다가 도중에 쓰러지는 것도 막아줄 것입니다.

제 친구 던 프란시스코Don Francisco는 어렸을 때 말을 더듬었다고 합니다. 한번은 선생님이 그에게 반 전체 학생들 앞에서 시를 읽으라고 했는데 45분 동안 겨우 두 문장을 읽었다고 합니다. 지금 그는 기름 부음이 강력한 노래를 부르며, 그에게서는 영향력 있는 말이 거침없이 흘러나와 사람들로부터 굉장한 칭찬과 갈채를 받습니다. 한데, 던은 자기가 한 게 아니고, 하나님께서 하셨다고 기억을 합니다.

또 다른 친구 밥 니콜스Bob Nichols의 이야기는 이렇습니다. 그의 딸은 지금 여러 해 동안 혼수상태에 있습니다. 사고 당시에는 살 가망이 없어보였습니다. 의사들이 들어와서 진단을 내릴 때 저도 그 자리에 있었습니다. "니콜스 목사님, 아시는 대로 따님은 죽은 상태입니다. 튜브를 떼어내시지요." 그들은 기관 절개를 시행하였고 수술 후 제가 들어가서 그녀를 보았습니다. 정상일 때 59kg이었는데 체중이 27kg이 되었습니다. 사람 같지가 않아보였습니다. 저는 그렇게 수척하면서도 살아있는 사람을 본 적이 없습니다. 그때 밥Bob과 조이Joy 앞에서 저의 의심을 보이지 않기 위해서는 저에게 있는 모든 믿음을 동원해야만 했었습니다.

의사들이 밥에게 압박을 가했을 때 그는 흥분하여 그들에게 대들지 않았습니다. 일어서서 고함을 지르지도 않았습니다. 단지 이렇게 말했습니다. "아닙니다. 그건 우리가 믿는 바가 아닙니다." 그러고는 태연하게 행동하였습니다. 그녀는 지금 퇴원하여 집에 와있는데, 실제로 일어서서 보행기를 의지해 걸어 다닙니다. 의사들 말로는 그녀가 아직도 식물인간 상태에 있다고 합니다. 아직 말은 못하지만, 상대방의 손을 꽉 쥐기도 합니다. 희망이 보입니다. 할렐루야! 니콜스 목사님 가족들이 딸의 건강의 진보를 보고는 있지만, 보통 사람들이 견딜 수 있는 한계를 넘어 오랜 기간 이런 상태에서 분투하고 있습니다.

제가 목회자 컨퍼런스에서 지금 나누는 이 말씀을 전하면서 하나님이 얼마나 선하시며 그 누구도 불평할 권리가 없다고 강조하고 있을 때 맨 앞줄에 앉아 있던 밥 니콜스 목사님이 갑자기 일어나서 이렇게 선포하였습니다. "참을 만큼 참았는데 더 이상은 억누를 수가 없네요!" 그러고는 갑자기 일어나 뛰면서 큰 소리로 외쳤습니다. "오 하나님, 하나님은 너무도 좋으신 분이십니다. 하나님을 사랑합니다!" 그는 과격하게 하나님을 찬양하였습니다. 설교는 망쳐졌습니다. 우리가 상상할 수 있는 것보다 훨씬 더 심하게 고통을 겪어온 한 사람이 본인도 감당할 수 없을 만큼 감사가 넘쳤습니다. 결국에는 바닥에 엎드려서 하나님의 선하심을 인하여 하나님을 찬양하고 감사하며 경배하였습니다. 반면 우리 중 누군가는 별것도 아닌 사소한 문제에 원망과 불평을 늘어놓습니다.

불평할 이유가 없다

우리는 회개해야 합니다. 그리고 이렇게 기도해야 합니다.

"아버지, 이 굳은 마음을 용서하여 주옵소서. 사람들을 바라본 것과 세상의 방법을 받아들이면서 그들보다 아주 조금 나은 것으로 만족하고 산 것을 용서하여 주옵소서. 아버지, 당신은 좋으신 하나님이십니다. 저를 너무나도 축복하셨습니다. 감사합니다!" 만일 당신이 거듭난 사람이라면 원망하거나 불평할 이유가 없습니다.

당신이 잃어버린 영혼이라고 해도 역시 불평할 이유가 없습니다. 전능하신 하나님께서 당신을 구원하기 위해 죽으셨기 때문입니다. 당신이 이 지구상에 살아 있는 유일한 사람이라 하더라도 하나님께서는 오직 당신을 위해 죽으셨을 것입니다. 하나님께서는 그만큼 당신을 사랑하십니다. 그러므로 당신이 이것을 기억한다면 그 어떤 것도 당신을 원망하고 불평하게 만들 수 없을 것입니다.

저는 복음 안에 있는 것을 전부 믿습니다. 즉 구원과 치유와 자유함과 형통을 포함한 복음 말입니다. 그러나 만약에 하나님께서 다시는 저를 치유하지 않으시고, 자유케 하지도 않으시며, 형통케 하지 않으신다 하더라도 하나님께서 나를 사랑하신다는 그 사실 하나만으로 하나님의 이름을 외치며 찬양하기에 족합니다. 만일 이 땅의 삶에서 다시는 나를 위해 되는 일이 없다 하더라도 하나님께서 나를 지옥에서 속량해 주셨고 내가 천국으로 가게 되어있다는 사실이 하나님을 찬양할 충분한 이유가 되고도 남습니다. 주님께서 나를 위해 거처를 준비하고 계시고, 나는 주님과 함께 영원을 보내게 됩니다. 더 이상 슬픔도, 아픔도, 수치도 없는 곳에서 말입니다. 할렐루야! 원망하거나 불평할 이유가 없습니다. 저는 축복받은 사람입니다.

당신이 알든 모르든 간에 당신도 축복받은 사람입니다. 모든 믿는 자는 복을 받은 사람입니다. 문제는 이것입니다. 당신은 무엇을 가치 있게 여기고 있습니까? 당신은 무엇을 높이고 찬양합니까? 당신의 관심은 어디에 있습니까? 이 세상의 부정적인 것들에서 당신의 생각을 돌려서 하나님의 선하심에 집중하십시오. 주님께서는 지금까지 당신에게 선을 베풀어오셨습니다.

반대되는 일을 만나더라도 굳게 서라

최근에 어떤 분이 자기가 오랫동안 기도해왔던 사람이 죽었다고 했습니다. "그 일에 대해 깊이 생각해 보지는 않았지만 이 일로 인해 하나님에 대한 나의 계시에 부정적인 영향을 받은 것은 분명합니다. 혼란스러웠고 그것 때문에 저의 믿음이 방해를 받았습니다."

저 또한 그런 경험을 한 적이 있었습니다. 제가 처음으로 죽은 사람을 살리기 전에 죽은 사람을 위하여 기도하는 일에 네 번이나 실패했습니다. 그중에 한 명은 제가 결혼까지 생각했던 사람이었습니다. 공식적으로 구혼을 하지는 않았지만 조금씩 그런 이야기를 하곤 했습니다. 제가 베트남에 있었을 때, 그 친구는 갑자기

병약해졌고 그녀의 부모님이 적십자에 연락을 해서 우리가 약혼한 상태라고 말하여 긴급 휴가를 얻어 미국으로 올 수 있었습니다. 그러나 그녀는 제 앞에서 숨을 거두었습니다. 자신의 피에 흥건히 젖어 숨을 거두었습니다. 우리는 그녀가 죽은 후 두 시간 이상 그녀를 놓고 기도를 하였지만 끝내 살아나지 않았습니다.

그 일로 인해 나와 또 이 일에 연관된 다른 모든 사람들이 영향을 받았습니다. 그들은 모두 이렇게 말했습니다. "치유가 하나님의 뜻이 아닌 게 틀림없어. 만일 누가 치유를 받을 자격이 있다면 데비Debbie가 받았어야 하는 거 아냐?" 그때 저도 누구 못지않게 혼란스럽고 상처를 받았지만, 이렇게 선포하였습니다. "하나님, 하나님의 말씀에 주님이 채찍에 맞으심으로 우리는 나음을 얻었다고 하셨습니다"(벧전 2:24). 그리고 주님께서는 데비에게 다음과 같은 특별한 약속을 주시기까지 하셨습니다.

> 내가 죽지 않고 살아서 여호와께서 하시는 일을 선포하리로다
>
> 시편 118:17

그곳을 떠나면서 저는 이렇게 말했습니다. "이해가 되지는 않지만 이건 하나님의 뜻이 아니야." 그리고 오늘날까지도 그 일에 연관되었던 그 사람들은 그런 결론을 내린 제가 정상이 아니었다고 생각합니다. 그 이후로도 3년 반 동안 하나님의 말씀에 반하는 이 일을 가슴에 품어야만 했습니다. 그래도 저는 마음을

다잡으며 이렇게 말하였습니다. "하나님, 하나님께서 그렇게 말씀하시니 저는 뒤로 물러나지 않겠습니다. 제가 그것을 경험하든 그렇지 않든 하나님의 말씀은 진리입니다." 저는 그저 그것을 마음 한쪽에 치워놓고 계속해서 하나님과 동행하지 않으면 안 되었습니다.

"주님, 주님의 말씀에는 이렇습니다."

3년 반 후에 주님께서 왜 그런 일이 일어났는지를 알려주셨습니다(저자의 다른 책과 설교에는 데비가 하나님께 "백혈병에 걸려 죽더라도 저의 장례식을 통해 많은 사람들이 구원받길 원합니다."라고 기도했다는 내용이 있으며, 저자는 이 잘못된 기도가 마귀에게 문을 열고 질병을 받아들이는 계기가 되었다고 설명하고 있음역자주). 그걸 깨닫고 난 후 이웃에 사는 분을 위해 기도하러 갔습니다. 그분도 데비가 앓았던 바로 그 병, 백혈병을 앓고 있었습니다. 그때 그분을 위해 기도하자 그분은 바로 치유를 받았습니다. 할렐루야, 하나님을 찬양합니다! 그리고 오늘날까지 나는 이 진리가 수많은 사람들을 자유케 하는 것을 보아왔습니다.

저도 많은 일을 겪은 사람이고 제가 지금 여러분과 나누는 것 또한 말로만 하는 것이 아니라 제 삶에서 직접 경험한 것들입니다. 가끔은 이를 악물고서 고백해야 할 때도 있었지만, 계속 "주님, 주님의 말씀에는 이렇습니다."라고 말했습니다. 그랬기 때문에 계속해서 승리하며 오늘날도 사람들이 치유받는 데에 쓰임을 받으면서, 예수 안에서 행복을 누립니다.

당신이 어떤 문제, 스트레스, 고통을 경험하든지 하나님을 믿으면 됩니다. 하나님을 영화롭게 하는 일은 아주 간단합니다. 하나님께서 말씀하시고 행하신 일에 가치와 중요성을 두십시오. 하나님을 높이고 찬양하십시오. 하나님께 감사하시고, 하나님의 선하심을 기억하십시오. 그게 당신이 하나님의 충만을 유지하는 방법입니다.

제 10 장

상상의 힘

하나님께서는 기쁨과 평안, 기름 부음과 치유를 주셨다가 앗아 갔다가 하시는 분이 아닙니다(롬 11:29). 우리가 이랬다저랬다 하는 것입니다. 하나님께서는 변하지 않으십니다. 우리가 변합니다. 하나님께서는 새로운 변화의 물결을 따라 움직이시는 분이 아닙니다. 다만 그리스도의 몸인 교회가 예수님께서 이미 공급하신 것을 변화의 물결을 따라 받을 뿐입니다. 주님은 한결같으시지만, 우리는 그렇지 않습니다. 주님은 잠시 '이것'을 하시다가 그 다음에 마음을 바꾸어서 '저것'을 하시는 분이 아닙니다. 예수 그리스도께서 우리에게 공급해 주시려고 사시고, 죽으시고, 부활하신 모든 것은 그분이 아버지 우편에 앉으신 이래로 언제나 우리가 사용할 수 있는 상태입니다.

텔레비전 방송국이 끊임없이 전파를 보내듯이 하나님도 항상 전파를 보내고 계십니다. 그러나 우리가 그 신호를 인식하느냐 못 하느냐는 우리의 수신기에 달려있습니다. 플러그를 꽂고,

스위치를 켜고, 주파수를 맞추어놓았습니까? 우리가 하나님의 공급을 경험하느냐 마느냐는 우리가 수신을 하느냐 마느냐에 달려있습니다. 만일 우리가 수신을 하지 않는다면 문제는 우리의 수신기에 있는 것이지, 하나님의 송신기에 있는 게 아닙니다. 우리의 수신기를 수리하기 위해서 우리가 할 수 있는 구체적인 일들이 있습니다.

대다수의 그리스도의 몸 된 교회들이 하나님께서 이미 주신 것들을 달라고 하나님께 간청합니다. 만일 당신이 그런 식으로 기도한다면 아무런 응답도 받지 못할 것입니다. 왜냐하면 하나님께서는 이미 당신을 위해 모든 것을 다 행하셨으므로 하나님 쪽에서는 더 이상 하실 일이 없기 때문입니다. 당신은 하나님께서 이미 공급해 놓으신 것을 받는 방법만 배우면 됩니다.

하지만 당신이 받은 후에는 또한 그것을 유지해야 합니다. 어떤 면에서는 받은 것을 유지하는 방법을 아는 것이 받는 것 자체보다 더 중요합니다.

일관성을 유지하면서 하나님의 것들을 당신의 마음속에서 생생하게 살아있게 하는 첫 번째 열쇠는 하나님을 영화롭게 하는 것입니다. 이는 당신이 하나님을 가치 있게 여기고 하나님을 존중해야 한다는 의미입니다. 우리의 문제 중 대다수는 잘못된 곳에 가치를 둔 결과로 인해서 생긴 것들입니다. 우리의 삶에서 오직 하나님만이 차지하셔야 할 자리를 다른 것들이 경쟁을 하여 차지하도록 만든 것이 우리의 문제입니다.

당신의 영적인 냄새

두 번째 열쇠는 감사하는 것입니다. 하나님의 말씀은 우리가 영적인 냄새를 낸다고 말합니다. 그것이 다음 구절에서 향기란 단어가 의미하는 것입니다.

우리는 구원받는 자들에게나 망하는 자들에게나 하나님 앞에서 그리스도의 향기니 이 사람에게는 사망으로부터 사망에 이르는 냄새요 저 사람에게는 생명으로부터 생명에 이르는 냄새라

고린도후서 2:15,16

속량받은 자의 찬양과 감사는 구약의 희생 제물과 같이 하나님을 송축하는 영적인 향기를 냅니다. 그러나 거름의 냄새가 파리를 끌어모으듯 원망과 불평은 귀신들을 불러모읍니다. 왜 나쁜 일들이 항상 당신에게 일어나는 것처럼 보이는지 그 이유를 생각해 보셨습니까? 아마도 그것은 당신이 원망하고 불평하는 사람이기 때문일지도 모릅니다. 만일 그게 사실이라면 당신은 이 나라의 모든 귀신들을 당신에게로 끌어모으고 있는 것입니다. 하나님을 찬양하는 사람이 되어야 합니다.

찬양은 당신이 할 수 있는 가장 중요한 일들 중에 하나입니다. 그것은 주님께서 하시는 일에 집중하게 합니다. 만일 당신이

부정적인 쪽으로 기울어지는 사람이라면 계속 하나님을 찬양하지는 못할 것입니다. 주님을 찬양하기로 결단을 내렸다면 모든 것의 긍정적인 면을 보려고 노력해야 합니다. 왜 그렇습니까? 부정적인 것에는 하나님을 찬양할 만한 것이 없기 때문입니다. 긍정적인 것을 보려면 반드시 하나님적인 것들에 집중해야 합니다(빌 4:4-8).

모조품과 오용

세 번째 열쇠는 로마서 1장 21절에 나오는데, 그들의 생각 imaginations이 허망하여졌다고 말합니다.
만일 당신이 새는 그릇이라면 그 새는 구멍 중 하나는 하나님을 영화롭게 하지 않는 것입니다. 그것이 결국은 감사하지 못하게 하는 결과를 만듭니다. 이 두 가지가 결합하여 당신의 생각을 '허망하게' 합니다.
'허망하다'라는 것은 '아무것도 안 하는 것' 혹은 '아무것도 생산하지 않는 것'을 말합니다. 그것은 당신의 상상력이 기능을 못한다는 말이 아니라, 단지 유익을 주지 못한다는 뜻입니다.
많은 그리스도인들이 상상imagination에 대해 말하는 것을 좋아하지 않습니다. 대부분 상상이 유치하다고 생각하기 때문에 이렇게 말합니다. "애들이나 하는 게 상상이죠. 나는 논리적이라 오직 현실만 인정합니다." 그들은 비전의 사람, 상상의 사람보다는 '현실주의자'인 것을 자랑으로 여깁니다. 또 상상을 동양 종교와 연관된 것으로 치부하는 사람들도 있습니다. '가부좌 자세로 앉아서 세계 평화를 마음속에 그려보라.' 그러나 어떤 것이 잘못 사용된다고 해서 그것을 전부 내팽개쳐야 하는 것은 아닙니다.

동양 종교에서는 잘못된 기도를 합니다. 그렇다고 해서 우리가 기도를 그만두어야 한다는 의미는 아닙니다. 사탄은 진짜를 위조합니다. 다른 사람들이 이것을 위조했다는 바로 그 사실은 그것이 진정한 가치가 있는 것임을 보여줍니다.

상상은 항상 역사합니다

당신의 상상력은 중요합니다. 그것은 항상 역사하고 있습니다. 당신은 혹 이렇게 생각할지도 모릅니다. '나는 앉아서 이것저것 상상이나 하고 있는 사람이 아니야.' 하지만 당신은 끊임없이 상상을 하고 있습니다. 당신은 상상을 통해 모든 일을 합니다. 당신의 상상이 역사하느냐 마느냐는 당신의 선택이 아닙니다. 다만 당신에게 유리하게 작용하게 할 것이냐 불리하게 작용하게 할 것이냐를 선택해야 합니다.

만일 당신이 하나님을 영화롭게 하고, 높이고, 찬양하고, 감사하기를 그만둔다면, 당신의 상상은 자동적으로 부정적인 것들을 향하여 끌리게 되어 있습니다. 그것은 통제할 수 있는 것이 아닙니다. 상상은 당신이 집중한 것의 결과물입니다. 만일 당신이 진정으로 하나님의 것들을 가치 있게 여긴다면, 즉 하나님을 찬양하고 감사한다면, 당신의 삶 가운데 많은 일들이 제대로 일어나는 것을 상상하게 될 것입니다.

우리가 인식하든 못하든 상관없이 당신의 생각mind은 상상을 통해 기능합니다. 상상이 없다면 정말 아무것도 할 수 없습니다. 사실은, 구약에서 상상이라는 단어는 문자적으로 '형성하다' 라는 뜻이며, 비유적으로는 '잉태' 라는 의미입니다. 당신의 상상은 당신에게 있어서 사물을 인식하는 기관입니다.

만일 당신에게 상상력이 없다면 당신은 전혀 창조적인 존재가 되지 못할 것입니다. 마치 짐승과 같이 그저 반복을 통해 가르침을 받고 배워야 할 것입니다. 그러나 인간과 짐승을 구별하는 특징 중 하나가 우리의 상상력입니다. 그것은 우리의 존재 중 강력한 힘이 있는 부분입니다.

당신이 인정하든 못하든 당신의 상상력은 당신에게 있어 모든 것을 인지하는 기관입니다. 어떤 것을 행동으로 나타내기 전에 먼저 당신의 상상 속에서 그 생각을 품어야 합니다. 만일 당신의 상상력으로 그것을 볼 수 없다면 당신은 그것을 할 수 없습니다.

당신은 그림으로 생각합니다

그래서 건축가들이 설계도를 사용하는 것입니다. 그런 이유로 이런 말이 나온 것입니다. '그림은 일만 마디 말의 가치가 있다.' 상상력은 바로 모든 것을 가능하게 하는 당신에게 속한 힘입니다. 육안이 아니라 당신의 내적인 눈으로 뭔가를 볼 수 있는 능력입니다. 인간은 이렇게 그림으로 생각을 시작합니다.

만일 제가 '개'라는 단어를 말한다면 당신의 머릿속에는 '개'라는 단어의 글자가 아닌 개의 그림을 그려보게 될 것입니다. 전에 키웠던 개나 혹은 본 적이 있는 개일 것입니다. 당신은 지금 개를 보고 있는 것이 아니라 이 책을 보고 있지만, 머리mind로는 개의 그림을 보고 있는 것입니다.

또한 저는 제 말로 그 그림을 바꿀 수도 있습니다. 당신은 푸들이나 치와와를 생각하고 있었을 수도 있습니다. 그러나 제가 "큰 개"라고 말하면 즉시 당신의 그림은 바뀝니다. "크고 검은 개"라고 말하면 당신의 이미지는 또 바뀝니다. "크고 검은 평범한 개"라고 말하면 그 이미지는 또 바뀔 것입니다. "크고 검고 평범한데 이가 사나운 개" 그림이 그려지십니까? 당신이 보는 이미지에 영향을 미치기 위해서 저는 말을 사용하지만 당신은 그림으로 생각을 하게 됩니다.

어린 시절 살던 집은 어떻게 생긴 집이었습니까? 여러 번 이사를 다녔다면 여러 집들이 떠오를 것입니다. 그러나 주로 한 곳에서 살았다면 그 집의 그림이 떠오를 것입니다. 만일 제가 "화장실이 몇 개였나요? 방은 몇 개였지요?"한다면 당신은 머릿속의 그 그림을 보면서 화장실이 몇 개인지 세어볼 것입니다. 당신은 그 정보를 사실로서 저장해두지 않고, 그림으로 저장해두었습니다. 그것이 당신의 상상력입니다.

상상력이 없으면 아무것도 할 수 없습니다. 만일 "여기서 공항에 가려면 어떻게 갑니까?"라고 묻는다면, 당신은 이렇게 대답할 것입니다. "여기 대로에서 우회전하시고 두 번째 신호등까지 직진하세요. 좌회전해서 고속도로에 진입하세요. 세 번째 출구로 나가서, 표지판 따라 공항까지 죽 가세요. 1km쯤 가면 오른쪽에 있을 겁니다." 어떻게 그렇게 말해줄 수 있습니까? 그걸 외운 게 아닙니다. 당신이 상상력으로 그림을 그려서 당신이 본 것을 나에게 묘사해준 것입니다. 하지만 당신이 전에 한 번도 공항에 가본 적이 없다면 어디로 어떻게 갈 것인지 말해줄 수가 없을 것입니다. 왜요? 그것을 그림으로 그려볼 수가 없을 테니까요. 이것이 바로 당신이 상상력을 사용하는 방법입니다.

부정적인 사용

당신은 당신의 상상력을 끊임없이 사용합니다. 상상은 생각을 품고 계획을 하는 부분입니다. 그것이 없으면 어떤 계획도 세울 수가 없습니다. 옷을 만드는 사람은 패턴에 의지합니다. 그것이 있어야 그들이 만들려고 하는 옷의 그림을 그릴 수 있습니다. 제조업자는 어떤 물건을 조립하는 방법에 대한 지시사항을 그림으로 그려줍니다. 설명하는 말도 있지만, 당신이 그것을 상상하도록 도움을 주는 것은 이 부속품과 저 부속품이 어떻게 조합을 이루어 완성품을 만드는지에 대한 그림입니다.

당신의 상상력은 당신에게 있는 창조하는 부분입니다. 그래서 상상의 문자적인 의미가 '잉태'인 것입니다. 당신의 상상력을 사용하지 않으면 창조력은 있을 수 없습니다. 만일 당신이 하나님을 영화롭게 하고 감사하기를 그만둔다면 당신의 상상력은 당신에게 유리하게 작용하지 않고 불리하게 작용할 수밖에 없습니다. 당신은 부정적인 것들을 생각하고 그려보기 시작할 것입니다. 믿음으로 기능하는 게 아니라 불신앙으로 기능하면서 두려워하기 시작할 것입니다. 이것은 상상력을 부정적으로 사용한 예입니다.

의사는 이렇게 말합니다. "암입니다. 얼마 남지 않았습니다." 그러면 즉시 당신의 상상력은 당신이 관 속에 들어가 있는 그림을 보여 줄 것입니다. 만일 당신이 아는 사람이 암으로 고생하다가 세상을 떠났다면 당신은 자신을 그 위치에다 두고 볼 것입니다. 당신의 상상력이 그냥 그쪽으로 가는 것입니다. 슬픈 사실은, 대부분 사람들의 상상이 아주 부정적이라는 것입니다. 의심, 두려움, 불신앙, 염려, 미움 등을 생각함으로써 상상은 당신에게 불리하게 작용합니다.

추측성 상상을 하지 말라

신약에서 장로의 자격 요건 중 하나는 '신중함' 입니다(딤전 3:2, 딛 1:8). 그것은 또한 집사의 아내에게도 요구되는 사항입니다 (딤전 3:11). 그러나 '신중함'의 문자적인 의미는 '추측성 상상을 하지 않는다'는 뜻입니다.

주님께서 저에게도 이것을 가르쳐 주셨습니다. 누구나 처음 막 사역을 시작할 때는 사람들이 우리를 좋아해 주기를 원합니다. 당신의 설교를 통해 문제가 야기되길 원치는 않습니다. 우리는 축복이 되기를 원합니다. 그러나 조심하지 않으면 주님을 위한 사역이 아니라 사람들의 인정을 받기 위해 사역하는 덫에 빠질 수가 있습니다.

제가 캔자스시티 부근 백 마일 이내에서 집회를 할 때마다 늘 차를 몰고 와서 참석하는 부부가 있었습니다. 그들은 제가 나누는 말씀을 좋아했고 우리는 가까운 관계가 되었습니다. 그 근처에서 집회할 때마다 그들은 빠진 적이 없었습니다.

그런데 한번은 제가 집회 차 캔자스시티에 갔는데, 그들이 보이지 않았습니다. 일 년 전 제가 그곳에서 사역하면서 그들에게 아주 구체적인 예언을 해주었던 것이 생각났습니다. 그것은 누구에게나 적용될 수 있는 포괄적인 예언이 아니었습니다. 아주 정확한 예언이었습니다. 그 예언은 100% 하나님께로부터 왔던지 아니면 제가 완전히 헛다리를 집었던지 둘 중 하나이지, 그럴 수도 있고 아닐 수도 있는 예언이 아니었습니다.

그들이 보이지 않자 이렇게 저렇게 생각하고, 추측하고, 상상하기 시작했습니다. 이런 생각이 들었습니다. '작년에 내가 실수를 한 게 틀림없어. 그래서 그들이 지금 나를 불편해하고 있는 거야.' 그들이 저를 거짓 선지자로 몰아 소문을 퍼뜨리고 다니는 그림이 그려졌습니다. 그 생각을 하면 할수록 더욱 화가 치밀어 올랐습니다. 솔직히 말하면 그들의 코라도 한 번 비틀고 싶을 정도였습니다!

그런데 다음 날 밤에 그들이 나타났습니다. 그리고 이렇게 말하였습니다. "어제 참석을 못해서 대단히 죄송합니다. 집안에 장례가 있어서 빠져나올 수가 없었어요. 그런 일이 아니라면 이 집회에 절대 빠지는 일은 없었을 거예요." 일어나지도 않은 일에 대해서 열을 받아 감정이 상할 뻔했다는 것을 주님께서 저에게 보여주신 것입니다. 저는 그들이 무슨 생각을 하고 있을까, 또 어떤 일이 진행되고 있을까 혼자서 추측하며 상상하고 있었던 것입니다.

"판단하지 말라"

저는 여러 교회를 방문하면서 목사님이 자기에게 말을 걸어주지 않았다는 이유로 감정이 상해서 교회를 그만두려 한다는 성도들에 대한 이야기를 많이 들었습니다. 그들은 목사님이 그들을 좋아하지 않기 때문이라고 상상한 것입니다. 한데, 그들은 목사님이 예배당에서 그들의 옆을 지나칠 때 다른 사람이나 다른 일에 대해 생각하고 있을 수도 있다는 사실은 한 번도 고려해 보지 않은 것입니다. 목사님이 그들에게 인사하지 않은 이유는 수천수만 가지가 있을 수 있습니다. 그래서 성경에 다음과 같은 말씀이 있는 것입니다.

> 비판을 받지 아니하려거든 비판하지 말라 너희가 비판하는 그 비판으로 너희가 비판을 받을 것이요 너희가 헤아리는 그 헤아림으로 너희가 헤아림을 받을 것이니라 어찌하여 형제의 눈 속에 있는 티는 보고 네 눈 속에 있는 들보는 깨닫지 못하느냐 보라 네 눈 속에 들보가 있는데 어찌하여 형제에게 말하기를 나로 네 눈 속에 있는 티를 빼게 하라 하겠느냐 외식하는 자여 먼저 네 눈 속에서 들보를 빼어라 그 후에야 밝히 보고 형제의 눈 속에서 티를 빼리라
>
> 마태복음 7:1-5

또 어떤 성경 구절은 우리에게 판단을 하라고 하기 때문에 위의 말씀에 대해서 혼란스러워하는 사람들도 있습니다. 이 구절은 이런 의미입니다. "너희가 다른 사람을 판단하는 그 판단으로 너희도 판단을 받을 것이다. 그러므로 자비심을 가져라. 다른

사람의 눈에서 티를 빼려고 하기 전에 먼저 네 눈에서 들보를 빼어라." 이 구절이 언급하고 있는 판단이란 바로 그런 것입니다.

그러나 만일 당신이 밤에 대도시의 뒷골목에 있는데 깡패 같은 복장을 한 남자가 한 손에는 채찍을, 다른 손에는 칼을 들고 당신 쪽으로 잽싸게 오고 있는 것을 봤다면 당신은 즉시 판단을 해야 합니다. 이렇게 말하는 것에는 아무런 잘못이 없습니다. "뭔가 문제가 있군. 빨리 여기서 빠져나가는 게 좋겠어!" 이렇게 판단하는 것은 유익합니다. 그러나 그가 왜 그런 복장을 했으며 그런 행동을 하려고 하는지 헤아려보려고 하는 것은 좋지 않습니다.

이런 일은 특히 인간관계에서 중요합니다. 누군가가 당신의 감정을 상하게 하는 말을 했을 때 그 사람에게 가서 "당신이 그 말을 했을 때 나는 이렇게 느꼈습니다."라고 말하는 것에는 아무런 잘못이 없습니다. 하지만 그들에게 가서 "당신이 그렇게 말한 이유는 이런 거 아닙니까?"라고 말하는 것은 잘못 판단하는 것입니다. 당신은 그들이 그런 말을 한 이유를 추론합니다. 그러나 그들이 왜 그런 말을 했는지 당신은 모릅니다. 그들도 어쩌면 자기들이 무슨 말을 왜 했는지 모를 수도 있습니다. 그들은 자기들이 당신의 감정을 상하게 하고 있다는 생각이 전혀 없을지도 모릅니다. 그들이 그런 말을 한 것은 어떤 딴 사람이 그들의 감정을 상하게 했기 때문일 수도 있습니다. 왜 사람들이 그런 행동을 하는지 그 이유를 우리는 모릅니다.

당신이 상관할 일이 아닌 이유

주님께서 신중함에 대한 깨달음을 주셨을 때 저는 추측을 하지 않기로 결심하였습니다. 우리 단체의 직원들에게도 나누었습니다. "나는 암시나 힌트를 받아들이지 않겠습니다. 만일 여러분이 저에게 화가 났거나 마음 상한 일이 있다면 직접 나에게 와서 말을 하십시오." 누군가가 잘못된 행동을 할 때 말을 해줄 수는 있지만, 왜 그럴까에 대해서 저는 더 이상 추측하지 않습니다. 그건 그들의 일입니다. 만일 그들이 저에게 뭔가 마음이 상한 게 있다면 그들이 직접 제게 말을 해야 합니다. 그것에 대해서 나는 추측성 추론을 하지 않을 것입니다.

당신도 누군가를 판단한 적이 있을 것입니다. 그런 행동을 하는 이유를 들어 그들을 정죄했을지도 모르겠습니다. 그러나 당신은 솔직히 그 이유를 모릅니다. 왜 그들이 그런 행동을 했는지 당신에겐 아무런 단서도 없습니다. 왜냐하면 당신이 그들에게 한 번도 물어본 적이 없었기 때문입니다. 그런 걸 추측성 상상이라고 합니다.

제 11 장

내적인 이미지

당신의 상상은 강력한 힘입니다. 사실, 계속적으로 자기의 내적 이미지와 상반된 모습을 보일 수는 없습니다.

대저 그 마음의 생각이 어떠하면 그 위인도 그러한즉…

잠언 23:7

당신의 마음에는 당신이 누구이며 어떤 사람인지에 대한 이미지 혹은 그림이 있습니다. 슬프게도, 대부분의 사람들은 하나님의 말씀으로 그 그림을 그려놓지 않았습니다. 사람들의 의견과 자기 자신의 경험으로 그 이미지를 만들어 놓았습니다. 하지만, 우리 안에 가져야 할 그림은 우리가 그리스도 안에서 누구이며 그리스도는 우리 안에서 어떤 분이신가에 대한 그림입니다. 하나님의 말씀을 붓을 삼아 말씀이 우리에 대해 말하는 바와 일치하도록 내적 이미지를 바꾸어주어야 합니다. 그런데 대부분의 사람들은 다른 이미지를 가지고 인생을 살고 있습니다.

당신은 헌금통이 지날 때마다 꼬박꼬박 헌금하는 사람일지도 모르지만, 마음속으로는 여전히 자신을 가난하게 보고 있을지 모릅니다. 재정을 심는 일에 하나님의 말씀을 지키면서도 마음속에는 가난한 자신의 모습을 가지고 있을 수 있습니다. 당신은 자신의 필요가 채워지지 않을 거라고 봅니다. 그래서 가난한 것입니다. 당신의 상상이 예언이 되어 스스로 성취된 것입니다. 결국 당신은 자신의 내적 이미지를 계속적으로 성취하고 있을 뿐입니다.

자신을 내향적인 사람으로 보고 있을 수도 있습니다. 수줍음이 많고 사람들 가운데 있으면 부끄러움을 탑니다. 이것을 바꾸지 않는다면 이 이미지가 당신의 삶을 지배하고 다스릴 것입니다. 저도 극도로 내향적인 사람으로 살았습니다. 말할 때 상대방의 얼굴을 쳐다보지도 못했습니다. 그러나 하나님의 말씀을 통하여 제 속에 있는 이미지를 완전히 바꿀 수 있었습니다. 이제 저는 극도로 외향적인 사람입니다! 당신도 자신을 바꿀 수 있습니다.

형통의 자세

우리가 텍사스 주 시거빌Seagoville에 살고 있을 때 우리는 매우 가난하였습니다. 필요한 게 있다고 해서 구입하는 것은 상상도 할 수 없었습니다. 그래서 저는 필요한 것을 얻기 위해 하나님을 믿고 기도했습니다. 당시 자동차에 대해서 아무것도 몰랐지만, 차를 직접 고치기 시작했습니다. 그때 믿음으로 이렇게 선포했습니다. "나는 내게 능력 주시는 자 그리스도 안에서 모든 것을 할 수 있다"(빌 4:13). 차에 뭐가 잘못됐는지도 몰랐지만 어찌어찌해서 차를 고쳤습니다. 그 차들이 어떻게 수리되어 굴러가는지 알 수 없었지만 어쨌든 그 차들은 잘 굴러갔습니다.

한번은 어떤 분이 고장 난 세탁기를 주었습니다. 제가 그것을 분해해 봤지만 이해는 안 됐습니다. 그래서 그것을 놓고 기도한 다음 어찌어찌했더니 그 세탁기가 그 후 여러 해 동안 잘 돌아갔습니다. 저는 다만 내가 하는 일은 다 잘 되며 나는 무엇이든지 할 수 있다는 태도를 가졌을 뿐인데 말이지요.

제가 사진을 현상하는 일을 하고 있을 때 일입니다. 사장님에게 제가 이렇게 말했습니다. "사장님이 저를 고용했기 때문에 사장님은 축복 받을 것입니다." 당시 그의 사업은 파산 직전이었습니다. 그러나 내 안에는 형통의 이미지가 있었습니다. 비록 제가 한 번도 사진을 현상해 본 적이 없었지만 어떻게 해서 알아냈고 두 달도 안 되어 이 사업을 파산에서 건져냈습니다. 제가 그의 사업을 크게 살려냈기 때문에 만일 제가 그를 대신해서 가게를 맡아준다면 투자금이 전혀 없이 동등한 동업자의 자격을 주겠다고 제의하였습니다. 사업의 절반을 제게 주겠다는 것이었습니다! 그러나 바로 그때 주님께서 저를 콜로라도 주 프리칫Pritchett으로 부르셨습니다. 그래서 저는 그의 제의를 거절하고 떠났습니다.

이 모든 과정 속에서 저는 내적인 이미지를 하나님의 말씀과 일치하도록 바꾸고 있었던 것입니다. 저의 상상을 바꾸고 있었던 것입니다.

말씀의 능력을 풀어내라

만일 당신이 하나님께 영광 돌리고 감사한다면, 당신의 상상은 모든 것을 다르게 인식하게 됩니다. 만일 당신이 감사가 넘치고 주님께서 당신의 삶에 말씀하시고 행하신 것에 가치를 부여한다면, 당신은 당신의 미래에 대하여 믿음을 갖게 될 것입니다. 두려워하며 나쁜 일들이 일어날까 염려하는 대신, 당신은 희망이 넘치고 긍정적인 일들이 일어날 것을 기대하기 시작할 것입니다.

주께서 심지가 견고한 자를 평강하고 평강하도록 지키시리니 이는 그가 주를 신뢰함이니이다

이사야 26:3

여기서 '심지mind'로 번역된 히브리 원어는 구약의 다른 곳에서는 '상상'으로 번역되었습니다. 그러므로 이렇게 말할 수도 있을 것입니다. '당신의 상상이 주님께 머물러 있을 때 주께서 당신을 평강하고 평강하도록 지키실 것입니다.'

당신의 상상력은 내면에 그림을 그리는 능력입니다. 대부분의 사람들은 주님을 생각할 때 상상을 사용하지 않습니다만 반드시 사용해야 합니다.

저는 말씀을 묵상할 때 상상력을 사용합니다. 제가 하나님께로부터 받는 계시의 대다수는 성경을 읽기만 하는 데서 오지 않았습니다. 물론 성경 말씀을 읽는 것은 매우 중요합니다. 읽은 것이 없으면 묵상을 할 수 없기 때문입니다. 성경을 읽는 것은 데이터를 컴퓨터에 입력시키는 것과 같습니다. 이 데이터 입력이 없으면 당신의 컴퓨터는 처리할 것도 없을 것입니다. 저는 또한 말씀을 읽은 후에 앉아서 그것을 묵상합니다. 입력된 데이터를 취하여 그것을 처리하기 시작합니다. 참된 계시와 능력이 성경 말씀 안에서 풀어지는 곳은 바로 묵상하는 곳입니다.

성경 말씀이 살아나다

나는 다윗과 골리앗 이야기를 읽을 때(삼상 17장), 이 거인의 키가 도대체 얼마나 큰지 그려보고 싶었습니다. 우리 집 천정이 8피트(약 2m 40cm) 밖에 안 됐기 때문에 밖으로 나갔습니다. 나는 9.5피트(약 2m 90cm) 표시를 하고 그 옆에 서서 이 거인이 실제로 어떤 모습이었을까 그려보았습니다.

예루살렘 성지에 가보는 것이 왜 그토록 삶에 변화를 가져다줍니까? 그것이 왜 그토록 말씀을 살아나게 합니까? 주님의 임재가 이스라엘에만 강하게 있기 때문이 아닙니다. 진짜 원인은 그곳에 가야 당신의 상상력이 말씀을 더 분명하게 볼 수 있도록 해주기 때문입니다.

다윗이 골리앗을 무찌른 엘라 골짜기도 가보았습니다. 버스에서 내려 골짜기의 작은 시내로 걸어갔습니다. 그리고 다윗이 했던 대로 매끄러운 돌 다섯 개를 주워 그것이 어떤 기분인지 그려보았습니다. 이렇듯 하나님의 말씀이 이야기하고 있는 바를 그림으로 그려볼 때 말씀이 살아납니다.

당신이 정보, 즉 데이터 입력을 마친 후에는 잠잠히 성령님의 인도를 따라 상상을 사용하십시오. 그러나 자기 생각을 사용하지는 않도록 하십시오. 만일 TV에서 본 내용이나 잡다한 것들만 상상해 왔다면 당신은 영 잘못된 방향으로 갈 수도 있습니다. 그러나 하나님의 말씀이 당신의 생각을 지배하게 해서 방금 읽은 성경 말씀에 대해 생각하기 시작하면, 당신이 육안으로는 볼 수 없는 말씀의 내용이 보이기 시작할 것입니다. 당신의 상상력을 가지고 내면에서 그것을 보아야 합니다.

우리가 이미 치유받았다는 말씀을 읽고 나서는 이 말씀을 붙잡아 당신의 몸이 치유된 것을 그려볼 수 있을 때까지 그 말씀을 묵상해야 합니다. 대부분의 사람들은 치유받은 자신의 몸이 아니라 아픈 자신의 몸을 봅니다. 통증과 상처를 봅니다. 이미 몸이 망가지고 악화된 분명한 그림을 가지고 있는 것입니다. 앞으로 몸이 어떻게 될 것인지 또 각 단계는 어떻게 진행될 것인지에 대해 그동안 온갖 말들을 들어왔기 때문입니다. 그들은 질병의 진행 과정 중에 자기가 어디쯤 와 있는지 알기 위해 끊임없이 몸을 체크합니다. 그들이 바라보는 것은 사망과 통증입니다. 하지만 우리는 이렇게 말해야 합니다. "내가 말씀에서 본 것은 그게 아니야!" 그런 다음 성경 말씀을 붙잡고, 당신의 상상력으로 당신이 달리고, 뛰고, 밤새 푹 자고, 통증이든 뭐든 당신이 씨름하고 있지 않는 가운데 살고 있는 모습을 볼 수 있을 때까지 계속 묵상해야 합니다.

더 큰 일

저 또한 동일한 방법으로 죽은 자를 살리는 데 쓰임 받았습니다. 하나님의 말씀을 취하여 계속 묵상했습니다.

> 내가 진실로 진실로 너희에게 이르노니 나를 믿는 자는 내가 하는 일을 그도 할 것이요 또한 그보다 큰 일도 하리니 이는 내가 아버지께로 감이라
>
> 요한복음 14:12

저는 이 말씀을 소리 내어 선포하고 이 말씀에 대해 이야기하기 시작했습니다. 사람들이 죽은 자 가운데서 살아난 경우를 기록한

성경 말씀들을 전부 – 예수님을 포함하여 9명 – 찾아서 그 말씀들을 계속해서 묵상했습니다. 두 눈을 감고 나 자신이 그 현장에 있는 모습을 상상하면서 이렇게 말했습니다. "나사로야, 나오라!" 그러자 그가 나왔습니다(요 11:43-44). 예수님께서 하셨던 모든 일들을 직접 하고 있는 내 모습을 보았습니다. 그 생각을 너무 많이 해서 죽은 사람을 살리는 꿈을 꾸기 시작하였습니다. 그리고 나서 실제로 죽은 사람을 살리는 일에 쓰임 받게 되었습니다.

이런 일들이 소수의 사람들에게만 일어나는 이유가 있습니다. 마음의 눈으로 볼 수 없는 것은 현실로 일어나지 않기 때문입니다. 왜 그렇습니까? 상상은 우리 안에서 모든 게 잉태되는 장소이기 때문입니다. 대부분의 사람들은 그들의 시각을 통해 들어온 것들이 자신들의 상상을 지배하게 내버려 둡니다. 그러나 하나님의 말씀은 그러한 세상의 그림 대신 말씀의 그림을 그립니다.

아마도 당신은 팔이 부러진 사람이 즉시 치유받은 것을 본 적이 없을 것입니다. 그러나 먼저 부러진 팔이 치유받는 것을 마음의 눈으로 볼 수 있을 때까지 계속 묵상하면 그것이 현실로 일어나는 것을 경험하게 될 것입니다. 당신의 현실에서는 기적을 경험한 적이 한 번도 없을지 모르지만, 하나님의 말씀에서는 발견할 수 있습니다. 그 말씀을 계속 묵상하고, 품고, 상상하는 과정을 거쳐서 마음의 눈으로 그것을 보게 되면 그것이 상황을 변화시킬 것입니다.

악한 상상

창세기 6장에서 상상이 부정적으로 사용된 예를 기록하고 있지만, 그래도 이 사건은 매우 강력한 예입니다.

여호와께서 사람의 죄악이 세상에 가득함과 그의 마음으로 생각하는 모든 계획imagination이 항상 악할 뿐임을 보시고
창세기 6:5

우리가 주님을 만났고, 거듭났고, 성령으로 세례를 받았다 할지라도, 사실 우리의 생각과 상상은 대부분 악합니다. 우리는 부정적인 것들, 즉 하나님의 말씀과 반대되는 것들을 봅니다. 우리 자신이 실패하고, 화내고, 쓴 뿌리를 갖고, 거절당하는 그림을 봅니다. 하나님의 말씀과 반대되는 자신의 모습들을 봅니다. 그리고 상상이 멋대로 흘러가게 내버려 둡니다. 솔직히 말해서 우리는 상상이 잘못되면 얼마나 잘못될까 생각합니다. 그러나 이 구절은 하나님께서 저들의 마음의 생각에서 나오는 상상을 보셨다고 합니다.

다윗은 그의 아들에게 지시를 내리고 세상을 떠났습니다. 그 뒤 솔로몬이 왕이 됩니다. 다윗은 이렇게 말합니다.

내 아들 솔로몬아 너는 네 아버지의 하나님을 알고 온전한 마음과 기쁜 뜻으로 섬길지어다 여호와께서는 모든 마음을

감찰하사 모든 의도imagination of the thoughts ; 생각의 상상를
아시나니 네가 만일 그를 찾으면 만날 것이요 만일 네가 그를
버리면 그가 너를 영원히 버리시리라

역대상 28:9

하나님께서는 마음의 모든 상상을 보십니다. 구약성경을 다 읽어보면, 주님께서 적어도 대여섯 번 정도 사람들의 상상과 의도를 심판하신 사건을 발견할 수 있습니다.

영적인 잉태

우리 대부분은 행동에 집중합니다. 우리는 이렇게 생각합니다. '나는 간음을 한 적이 없어. 나는 그런 짓은 안 해!' 하지만 간음하는 일을 상상하고 마음에 품고 계속적으로 생각을 키우고 나서 그것을 행동으로 옮기지 않으려고 싸우고, 저항하고, 노력해야 한다면 그것은 어리석은 일입니다.

그것은 마치 아이를 낳기 원치 않으면서 성관계에는 아무런 제약도 두지 않는 여성과 같습니다. 그렇다면 계속 임신을 하고, 그 후에는 출산을 하지 않으려고 낙태를 해야 할 것입니다. 이것은 아이를 갖지 않기 위한 좋은 방법이 아닙니다. 임신을 원치 않으면 성관계를 갖지 마십시오. 이처럼 영적인 영역에서는 상상이 바로

잉태하는 곳이라는 것을 우리들 대부분이 인식하지 못합니다. 부정적인 상상을 제공하지 않는 TV 프로그램은 거의 없습니다. TV 프로그램은 성적인 상황을 계속적으로 제공합니다. 드라마는 어떻게 하면 화를 잘 내고, 쓴 뿌리를 품고 어떻게 하면 보복을 잘 하는지 가르쳐주지만, 하나님의 말씀은 용서하고, 다른 쪽 뺨을 돌려대는 것에 대해 말씀하십니다(눅 6:29). 당신이 인식하든 못하든 시각적 이미지들은 당신 속에 그림을 그리고 있습니다. 그것은 이미 당신 안에서 잉태되어 품어졌기 때문에 위기나 유혹을 만나면 그런 행동을 하고 싶은 마음이 생길 것입니다.

그러나 이런 것들을 잉태하지 않고 품지 않는 단계에 이를 수 있습니다. 잉태하지 않고 품지 않은 일은 행동으로 옮길 수 없습니다. 어떻게 죄를 짓는지 모르는 단계에도 이를 수 있습니다. "아이고, 앤드류 목사님, 지금 농담하십니까?" 아니요, 정말입니다. 당신은 그렇게 할 수 있습니다. 진짜로 당신의 생각을 하나님께 단단히 붙잡아두면 당신의 생각은 오직 기쁨과 평안과 능력만을 잉태합니다. 만일 당신의 상상이 하나님께만 집중되게 한다면, 당신은 완전한 평강을 누리게 될 것입니다(사 26:3).

자유분방한 생각들

우리의 상상력이 생각하는 대로 내버려두는 바람에 우리는 엄청나게 많은 문제를 야기시킵니다. 자기의 상상에 책임이 있다는 것을 아는 사람은 극소수입니다. 자기의 상상이 뭔지 아는 사람도 별로 없습니다. 그들이 생각을 아무렇게나 흘러가도록 내버려 두기 때문에 부정적인 것들을 생각하게 되는 것입니다.

한번은 어떤 사람이 나에게 이렇게 물었습니다. "제가 결혼을 잘못한 걸까요? 결혼생활이 너무 힘듭니다. 제가 하나님의 뜻을 놓친 것일까요?" 그들은 자기가 하나님의 뜻을 놓쳤는지 아닌지 제가 판단해 주길 원했습니다. 저는 이렇게 말했습니다. "그렇게 생각하는 것은 어리석은 일입니다. 실수를 했든 안 했든 그건 문제가 안 됩니다. 절대로, 결코 그런 생각은 하지 마세요. 그런 생각에서는 긍정적인 것이 나오지 않습니다. 엄청난 해만 입힐 것입니다. 뭘 어쩌시려고요? 이혼이라도 하시게요? 가서 다른 사람을 만나고 성경 말씀을 어기시겠습니까? 이혼은 아예 생각도 말아야 합니다. 당신의 생각이 거기에 미치게 해서는 절대 안 됩니다."

저에게도 저를 대적하는 생각들이 오곤 하지만 저는 그런 것들을 생각하는 것 자체를 거절합니다. 저도 온갖 나쁜 상상을 하고 앉아 있을 가능성이 있기 때문입니다. 저희 단체가 처음 TV 사역을 시작했을 때 사역 경비가 갑자기 엄청나게 증가했습니다. 이에 관한 몇 가지 계획을 세우고 우리 단체 후원자들에게 제 의사도 전달하기 위해서는 우리에게 얼마의 재정이 필요한지 알아야 했고 그러기 위해서는 몇 가지 일들을 고려해 봐야만 했습니다. 그래서 몇 가지 생각을 했지만, 내 자신이 이 일에 실패한 모습을 상상하는 일은 단 한 번도 하지 않았습니다. 돈이 안 모이면 어떻게 할까 하는 생각은 절대로 하지 않으려고 했고 계획을 거두고 돌아서서 "제가 하나님의 뜻을 잘못 들었나 봅니다."라고 말하는 모습은 생각도 해 보지 않았습니다. 왜냐하면 그것은 하나님께서 제게 말씀하신 바가 아니기 때문입니다.

저는 하나님의 말씀과 반대되는 것들을 생각하는 것 자체를 거부합니다. 그러므로 나는 그것을 상상하지 않으며, 따라서 그것으로 유혹받지도 않습니다.

하나님께서 뭔가를 명령하시면 대부분의 사람들은 즉시 그것이 안 되는 모든 이유를 생각합니다. 그들의 상상이 내리막길을 달려 자신이 실패하는 모습을 보도록 허용합니다. 그리고 이 모든 쓰레기들을 심사숙고한 후에 그들은 말합니다. "하나님, 이 일을 이루는 데 하나님께서 역사하실 것을 믿어도 될까요?" 그건 마치 엄청나게 무거운 모래주머니를 매달고 수영하려는 것과 마찬가지입니다. 그것은 역사하지 않을 것이며 하나님께서 원하시는 방법도 아닙니다.

그쪽으로 가지 말라

우리 대부분이 상상의 중요성을 이해하지 못합니다. 가끔 당신은 우울감에 빠져 이렇게 말할지도 모르겠습니다. "그냥 주저

앉아서 불평불만을 늘어놓으면 기분이 한결 나아질 것 같은데." 그러고는 이런 생각을 시작합니다. '나를 사랑하는 사람은 하나도 없어. 모두가 나를 미워해.' 하지만 당신은 그게 사실이 아니라는 것도 알고 있습니다.

그건 마치 엘리야처럼 행동하는 것입니다. "하나님, 오직 나만 남았나이다!"(왕상 19:10) 하지만 굴 속에 숨겨놓고 떡과 물을 먹였던 일백 명의 선지자들이 아직 남아 있다고 오바댜가 엘리야에게 말해 주었습니다(왕상 18:3-4, 7, 13). 엘리야는 그걸 잘 알고 있으면서도 우는 소리를 했습니다. "오 하나님, 오직 나만 남았나이다." 그는 절망에 빠져서, 열왕기상 19장 15-16절에서 하나님이 그에게 말씀하신 마지막 세 가지 명령 중에 단 하나, 곧 그의 후계자에게 기름을 부으라는 명령만을 순종한 후에 이 땅을 떠나고 말았습니다.

"하지만 저는 주저앉아 원망하고 불평하고, 한바탕 하고 나면 기분이 더 좋아지는 느낌이 듭니다." 그러지 마십시오! 당신의 생각이 그쪽으로 가도록 허용하지 마십시오. 당신이 실패한 모습도 그리지 마십시오. 당신의 기도가 응답되지 못하고 있는 것도 그려보지 마십시오. 당신은 "그렇게는 못 살아요."라고 말할지 모릅니다. 아니요, 당신은 할 수 있습니다.

어떤 사람들은 이미 너무 부정적이라 마귀가 한마디만 속삭여도 그것을 확대하여 긴 문장을 만들어 냅니다. 부정적인 것을 너무나 놀랍게 확대하고 증폭시키기 때문에 마귀는 그냥 한마디만 던져놓고 휴가를 떠나도 됩니다. 그들은 가슴에 조그만 통증이라도 있으면 심장마비가 아닌가 생각합니다. 그런 다음 그 두려움으로 인해 실제로 심장마비가 올 때까지 계속해서 그것을 묵상합니다. 그러나 사실 그것은 아무것도 아니었습니다. 사람들은 작은 일을 크게 확대하기를 너무 잘합니다.

그런 일을 하는 것은 당신의 상상입니다. 이렇듯 대부분 사람들의 상상은 악합니다. 그러한 상상은 영 엉뚱한 곳으로 흘러갑니다.

제 12 장

당신의 마음을 준비하라

다윗은 지금의 10억 달러에 해당하는 그의 개인 소유의 금과 은을 헌금하였습니다(대상 29장). 나라의 재정에서 성전 건축을 위해 30억 달러를 드렸지만, 10억 달러의 헌금은 자신의 개인 재산에서 드린 것입니다. 양치기 출신의 헌금치곤 대단하지요!

다윗은 형통하였습니다. 그가 헌금을 드리자 백성들도 너무 기쁜 나머지 자발적으로 헌금을 드리기 시작하여 30억 달러를 모았습니다!

> 백성들은 자원하여 드렸으므로 기뻐하였으니 곧 그들이 성심으로 여호와께 자원하여 드렸으므로 다윗왕도 심히 기뻐하니라
>
> 역대상 29:9

그 다음 다윗은 기도하기 시작했습니다(10절). 그는 하나님을 송축하였습니다. 즉 하나님을 인정하고 감사하였습니다. 그날

일어났던 일은 초자연적이었으며 그래서 그는 그것을 가치 있게 여기고 하나님께 감사하면서 이렇게 말했습니다. "여호와여, 우리가 한 모든 일은 이미 하나님의 것인데 다시 하나님께 드린 것뿐입니다. 우리가 가진 모든 것은 먼저 하나님께서 우리에게 주신 것입니다."(14-17절) 다윗은 그 모든 것이 어디서 온 것인지 기억하고 그 축복에 대해 하나님께 감사하며 영광을 돌리기 시작했습니다. 그 다음 18절에서 이렇게 말했습니다.

우리 조상들 아브라함과 이삭과 이스라엘의 하나님 여호와여 주께서 이것을 주의 백성의 심중에 영원히 두어 생각하게 하시고 그 마음을 준비하여 주께로 돌아오게 하시오며

역대상 29:18

다윗은 이렇게 말합니다. "여호와여, 우리로 기억하게 하옵소서!"

기념비를 세우라

기억은 힘이 있습니다. 당신의 상상력이 바로 당신 안에 기억하는 부분입니다. 저의 설교 중 '당신의 마음을 준비하는 방법 How to Prepare Your Heart'이 있는데, 거기에서 이 부분을 더 자세히 설명하였습니다.

역대하 12장 14절에 이런 말씀이 있습니다.

르호보암이 악을 행하였으니 이는 그가 여호와를 구하는
마음을 굳게 하지prepare;준비하지 아니함이었더라

당신의 마음을 준비하는 것은 아주 중요합니다. 그리고 기억하는 것은 마음을 준비함에 있어 당신이 할 수 있는 가장 중요한 일들 중에 하나입니다.

저도 여호와를 구하는 마음을 준비하였습니다. 하나님께서 초자연적으로 제 인생에 개입하신 지 거의 40년이 지났지만, 지금도 하나님께서 말씀하시고 행하신 것을 기억하면서 하나님을 영화롭게 하고 감사를 드리고 있습니다.

저는 끊임없이 기념비를 세우고 있습니다. 우리는 차로 텍사스주 알링턴을 지나갔었는데 시간을 내서 우리가 살았던 옛날 집을 찾아갔습니다. 내가 성령세례 받았던 들판을 가로질러 갔습니다. 또 하나님의 선하심을 기억하기 위해서 내 손과 팔과 머리 위로 굴렀던 큰 돌을 제 집이 있는 소유지에 가져다 놓았습니다. 저는 거의 매일 그곳을 지나기 때문에 그 바위를 지나갈 때마다 예수님께서 제 생명을 구원하신 것을 잊지 않고 생각합니다. 기억은 엄청난 차이를 만들어냅니다.

"그건 누구의 잘못인가요?"

대부분의 사람들이 결혼한 후에는 생활의 문제를 감당하고 해결하기 위해 애쓰느라 처음에 자기 배우자와 사랑에 빠졌던 순간을 잊어버립니다. 그들은 좋은 것들을 잊어버리고 부정적인 것들에 집중하기 시작합니다. 그러면 그들의 상상력은 부정적인 부분을 확대하기 시작합니다. 그런데 이거 아십니까? 배우자의 좋은 점을 기억하지 못한다면 함께 살 수가 없습니다.

제가 전에 한 번 여러 부부와 함께 모인 자리에서 이런 말을 했었습니다. "당신의 배우자에게는 장점이 있습니다. 그 장점을 좀 말씀해주시지요." 그들이 이렇게 대답했습니다. "나의 배우자에게서는 장점을 발견할 수 없어요." 제가 물었습니다. "결혼하기 전엔 그분을 사랑했습니까?" "아, 네, 굉장했죠!" "그러면 지금 배우자가 당신을 만나기 전까지는 멀쩡했다면 이렇게 된 것은 누구의 잘못입니까?" 당신의 기억은 매우 중요한 힘입니다!

"하나님께서 나의 생명을 구원하셨다!"

이런 것이 없는 자는 맹인이라 멀리 보지 못하고 그의 옛 죄가 깨끗하게 된 것을 잊었느니라

베드로후서 1:9

당신은 예수님께서 당신을 위해 하신 일을 실제로 잊어버릴 수도 있습니다. 저는 하나님께 너무 화가 나서 하나님으로부터 멀어져가려는 사람들을 많이 만나봤습니다. 제가 한 일은 단지 그들에게 하나님께서 행하신 일을 상기시킨 것 뿐이었는데 그것을 기억한 그들의 상황은 모두 변했습니다.

몇 년 전 시카고에서 사역하면서 집회에 참석한 사람들 중에 누군가가 자살을 시도했거나 아니면 적어도 자살을 생각하고 있다고 제가 성령의 은사를 따라 말한 적이 있습니다. 그러자 한 여성이 앞으로 나와서 그녀의 삶이 전부 엉망이라고 말했습니다. 그분을 위해 기도를 시작하자, 성령님께서 그녀가 어렸을 때부터 사탄이 그녀를 죽이려고 시도했던 사례 네 가지를 말씀해주셨습니다. 그래서 내가 그녀에게 그 모든 것을 기억나게 하면서 이렇게 말했습니다. "당신이 네 살 때 누가 당신을 겁탈하고 죽이려 했던 것을 기억하세요? 당신은 부정적인 면에 집중을 했지만, 보세요, 어떤 일이 일어났습니까? 그들이 당신을 죽이려 했지만 당신이 살아 있는 것은 기적이었다고 주님이 말씀하십니다. 부정적인 것을 확대시키지 말고, '하나님께서 나의 생명을 구원해주셨다!'고 말하십시오." 그런 다음, 주님께서 나에게 보여주신 나머지 세 가지도 전부 이야기하면서 그녀가 기억하도록 도와주었습니다. 주님께서 어떻게 자기를 구원해주셨는지를 전부 다 기억하고 난 다음, 그때까지도 자살을 생각하던 분이 무릎을 꿇고 하나님 앞에 엎드려 하나님의 은혜와 자비하심을 찬양하고 감사를 드렸습니다.

하나님께서는 우리 각 사람을 위해 놀라운 일들을 행하셨습니다. 당신이 하나님의 선하심을 잊지 않는다면 당신은 속상할 이유도 없습니다. 기억은 당신의 삶에 아주 중요한 부분입니다. 상상력은 기억을 하는 방법입니다. 당신의 상상력을 긍정적인 쪽으로 사용하도록 하십시오.

주님의 높고 위대하심을

> 그러므로 너희가 이것을 알고 이미 있는 진리에 서 있으나 내가 항상 너희에게 생각나게 하려 하노라
>
> 베드로후서 1:12

기억을 활발하게 움직이게 해야 합니다. 기억하고 또 기억하고 계속 거듭거듭 기억해야 합니다.

> 내가 힘써 너희로 하여금 내가 떠난 후에라도 어느 때나 이런 것을 생각나게 하려 하노라
>
> 베드로후서 1:15

> 사랑하는 자들아 내가 이제 이 둘째 편지를 너희에게 쓰노니 이 두 편지로 너희의 진실한 마음을 일깨워 생각나게 하여
>
> 베드로후서 3:1

당신은 기억을 통하여 스스로를 격려할 수 있습니다. 한 십여 년 전에 오하이오 주 리마Lima에서 예배를 드린 적이 있습니다. 600명 정도가 참석했는데 함께 시간을 보내는 동안 즐거운 일들이 아주 많았습니다. 사람들이 너무 많았기 때문에 내부로 들어오지 못해서 예배당 창문 밖에서 말씀을 들은 사람들도 있었습니다. 우리는 "주님의 높고 위대하심"을 불렀는데 그때 저에게 아버지의 장례식 장면이 떠올랐습니다. 그 찬양을 아버지가 제일 좋아하셨습니다. 나는 열두 살 소년으로 장례식에 앉아 있는 모습이 기억났고 제가 주님께 했던 말도 생각이 났습니다. "하나님, 이해가 안 됩니다. 제 아버지가 돌아가셨는데 우리는 '주님의 높고 위대하심'을 찬양하고 있습니다." 그리고 이렇게 기도했던 기억도 났습니다. "만일 주님께서 정말로 높고 위대하시다면 주님을 저에게 나타내시고 제 인생의 목적을 알려주십시오." 그 이후로 주님은 그 기도에 신실하게 응답하셨습니다. 그때 저는 그 기억으로 인해 하나님의 신실하심에 압도되어 무릎을 꿇었습니다. 기억은 당신을 놀랍게 세워줍니다.

단절됨

하지만 기억하기 위해 시간을 내는 사람은 거의 없습니다. 기억하는 데에도 노력이 필요합니다. TV와 라디오를 끄고 잠잠히 회상하는 시간을 가져야 합니다. 기억하기 위한 시간을 매일매일 보내야 합니다. 그렇게 한다면, 당신의 삶이 변화하는 것을 발견하게 될 것입니다. 이런 역할을 하는 것이 바로 당신의 상상력입니다. 과거로 돌아가서 그림을 그려보십시오.

제 어머니와 저는 얼마 전에 텍사스 주 마리에타Marietta에 가 있는 동안 우리 친척들을 아시는 분들과 이야기를 나누면서 지난 날의 일들을 기억해봤습니다. 저는 짬이 날 때마다 저의 인생에서 정말로 의미가 깊었던 곳을 방문합니다. 그냥 그곳에 앉아서 기억을 더듬는 것입니다. 그런 시간들은 가장 감동적인 시간들 중 하나입니다. 그것으로 인해 저의 삶은 달라집니다.

우리 사회가 전반적으로 이런 것에서 점점 멀어지고 있습니다. 당신의 조부모님에 대해서 많이 알고 계십니까? 증조부모님들에 대해서는 어떻습니까? 우리는 순간 지향적으로 살고 우리 자신에 몰두해서 사는 사회이기 때문에 그런 것들을 모르고 지냅니다.

최근 영국에 있는 동안 제 친구 목사님의 교회에서 말씀을 전했습니다. 예배 후 그는 우리를 그의 집으로 데려가서 점심을 대접했습니다. 그의 가족은 1400년대 이래로 지금까지 줄곧 같은 집에서 살고 있었습니다. 그는 저를 집 안으로 안내하면서 이렇게 말했습니다. "바로 여기가 우리 5대 증조부님께서 태어나신 곳이고, 여기는 그분들이 결혼하신 장소입니다." 그는 이를 알고 있었습니다. 그가 이런 정보를 이야기해 줄 때 저는 이런 생각을 하고 있었습니다. '아니, 이 친구는 역사와 더불어 살고 있잖아! 그게 그의 인생과 그의 행동에 얼마나 영향을 주었을까? 그의 조부모님들이 이 집에서 어떤 일을 했었고 그분들이 어떻게 처신했었는지를 알았을 때 그것이 그의 생각과 지금 그가 하는 일들에 얼마큼 영향을 주었을까?' 우리들 대부분은 그와 같은 것들에서 아주 단절되어 있습니다. 그런 것에 대해서 생각하기도 싫어합니다.

기억은 강력한 힘입니다. 그렇기 때문에 주님께서는 우리에게 기념비를 세우고 우리 이웃의 경계표를 옮기지 말라고 하신 것입니다(창 35:1, 신 19:14).

"기억하지 못하느냐?"

당신은 당신의 승리했던 때를 떠올려 계속적으로 생각해야 합니다. 주님께서 다윗이 밧세바를 범한 죄를 책망하실 때 이렇게 말씀하셨습니다. "다윗아, 너는 내가 양치기인 너를 선택했던 사실을 기억하지 못하느냐? 사무엘이 왔을 때 너의 이름은 후보 명단에 오르지도 못했던 것을 기억하지 못하느냐? 너는 밖에서 양을 지키고 있었지. 너에게 왕이 될 기회가 올 것이라 생각할 만큼 사람들이 너를 중히 여기지도 않았어. 너는 내가 한 일을 기억하지 못하느냐? 내가 너의 대적을 어떻게 무찔러 주었느냐?

이 모든 것들을 내가 어떻게 너에게 주었는지 너는 기억하지 못하느냐? 만일 그게 충분치 않았다면 내가 네게 더 많이 주었을 것이다!"(삼하 12:7-8) 하나님께서는 그의 기억을 되살리셨습니다.

당신이 지금 저지르고 있는 일들 중에서는 하나님의 선하심과 신실하심을 잊어버렸기 때문에 하는 일들이 있을 것입니다. 이렇게 해보라는 것은 절대 아니지만 만일 어떤 남자가 창녀와 동침하기 직전에 "자, 우리 함께 기도함으로 이 일을 주님께 올려드립시다. 우리 잠깐 짬을 내어 하나님의 선하심에 감사하십시다."라고 한다면 어떻게 되겠습니까? 장담하거니와 완전히 분위기가 깨질 것입니다. 하나님의 선하심을 기억하게 되면 당신에게도 바로 그런 일이 일어날 것입니다. 즉 당신의 삶에서 죄가 끊어질 것입니다.

하나님의 충만함을 유지하는 네 가지 열쇠는 모두 서로 연결되어 있습니다. 하나님께 영광을 돌리십시오. 감사하십시오. 기억하십시오. 만일 당신이 이것들을 꾸준히 지속적으로 한다면 그것으로 인해 당신의 삶에 하나님의 선하심과 신실하심의 분위기가 조성될 것입니다. 그러다 보면 지금 당신이 저지르는 어떤 일들을 멈출 수 있을 것입니다. 당신의 상상력은 긍정적인 것들에 집중하기 시작할 것입니다. 당신 자신을 실패자로 보지 않고 하나님의 선하심이 역사하여 일이 이루어지는 것을 보게 될 것입니다.

걱정이 많은 사람은 부정적인 영역에서 활발한 상상력을 발휘하는 사람입니다. 만일 당신이 이런저런 일들에 염려가 많다면 당신의 상상력이 잘못된 방향으로 기능하고 있는 것입니다. 하지만 좋은 소식은 당신이 그것을 바꿀 수 있다는 것입니다. 이제부터 당신의 상상력을 올바른 쪽으로 사용하기 시작하십시오.

제 13 장

무엇을 보는가?

> 때가 저물어 가매 제자들이 예수께 나아와 여짜오되 이곳은 빈들이요 날도 저물어가니 무리를 보내어 두루 촌과 마을로 가서 무엇을 사 먹게 하옵소서 대답하여 이르시되 너희가 먹을 것을 주라 하시니
>
> 마가복음 6:35-37

제자들은 필요만 보았고 그 필요를 채워줄 수 있는 능력이 자신들에게 있다는 것은 보지 못했습니다. 그들은 사람들을 다른 곳으로 보내서 그들 스스로 자기들의 필요를 채우게 하길 원했습니다.

오늘날 교회도 이와 같은 모습니다. 우리는 사람들을 심리학자, 은행, 의사, 변호사에게로 보냅니다. 실제로 해답을 가진 자들은 바로 우리들인데 말입니다. 그들은 다른 곳으로 갈 필요가 없습니다. 우리가 그들의 필요를 채워줄 수 있는데, 그리스도의 몸인 교회는 대부분 그 능력을 보지 못합니다. 병든 자를 치유할 수

있고, 문둥병자를 깨끗케 할 수 있고, 죽은 자를 살릴 수 있는 존재로 우리 자신을 보지 못합니다. 그래서 그들을 다른 곳으로 보내는 것입니다. 주님께서 말씀하셨습니다. "그들은 다른 데로 갈 필요가 없다. 너희가 그들에게 먹을 것을 주어라." 그러나 우리는 그건 말도 안 된다고 생각합니다. 예수님께서 제자들에게 그들이 할 수 없는 일을 하라고 하시지는 않았을 것입니다. 그들은 그 무리를 먹일 능력이 있었습니다. 그들에게는 그럴 능력이 있었습니다. 하지만 그들은 자기 자신을 오천 명을 먹일 수 있는 자들로 여겨 본 적이 한 번도 없었던 것입니다.

> 그들이 여짜오되 우리가 가서 이백 데나리온의 떡을 사다 먹이리이까
>
> 마가복음 6:37

그들은 자기 지갑을 꺼내어 그 안을 확인해 보았습니다. 그들이 가진 영적인 자원을 바라본 것이 아니라 물리적인 자원을 바라본 것입니다.

영적 시력을 회복하기

이르시되 너희에게 떡 몇 개나 있는지 가서 보라 하시니 알아

보고 이르되 떡 다섯 개와 물고기 두 마리가 있더이다 하거늘 제자들에게 명하사 그 모든 사람으로 떼를 지어 푸른 잔디 위에 앉게 하시니 떼로 백 명씩 또는 오십 명씩 앉은지라 예수께서 떡 다섯 개와 물고기 두 마리를 가지사 하늘을 우러러 축사하시고 떡을 떼어 제자들에게 주어 사람들에게 나누어 주게 하시고 또 물고기 두 마리도 모든 사람에게 나누시매

마가복음 6:38-41

예수님께서 하늘을 우러러 보셨을 때 거기에는 머리를 치켜든 것 그 이상의 뜻이 있습니다. '아나블레포anablepo'라는 이 헬라어는 '블레포blepo'와 '아나ana'의 합성어입니다. '블레포'는 '보다'라는 뜻이며 '아나'는 여기처럼 합성어로 쓰일 때는 '다시'라는 뜻입니다. 예수님은 두 번 보신 것입니다. 또는 다시 한 번 더 보셨다고 해도 좋겠습니다.

성경에서 이 단어가 열다섯 번이나 '시력을 회복하다'로 번역되어 있습니다. 바디매오가 눈을 떴을 때 사용된 단어가 바로 이 '아나블레포' 입니다(막 10:51). 다른 맹인들이 눈을 떴을 때 사용된 단어도 '아나블레포' 입니다(마 20:34). 같은 단어를 사용하고 있습니다.

그러므로 예수님께서 하늘을 우러러 보셨을 때 두 번을 보셨던 것입니다. 예수님은 제자들과 다르게 보셨습니다. 예수님은 무엇을 하고 계셨던 것일까요? 예수님은 내면을 보셨습니다. 그분은

육안으로 보신 게 아니라 영의 영역을 보신 것입니다. 제자들은 그들이 가진 물리적인 자원을 바라보았습니다. 그래서 보고, 듣고, 맛보고, 냄새 맡고, 느낄 수 있는 다섯 가지 감각에 제한을 받았습니다. 예수님은 물리적인 영역을 넘어서 영적인 영역을 들여다 보실 수 있었습니다. 마가복음 6장 41절은 바로 그걸 설명하고 있는 것입니다.

예수님께서 하늘을 우러러 보신 것은 단지 그의 머리를 치켜들었다는 뜻이 아닙니다. 그분은 주변 환경을 영적인 눈으로 인식하신 것입니다. 바꿔 말하면 예수님의 상상력에 대해 설명하고 있는 것입니다. 그분은 믿음으로 볼 수 있는 순수한 생각mind을 가지셨습니다. 예수님의 육안에 문제가 있어서가 아닙니다. 그분은 하나님의 말씀이 말하는 것이면 무엇이나 보실 수 있었습니다.

예수님은 이 보리떡 다섯 개와 물고기 두 마리면 충분하다는 것을 그의 영의 눈으로 보았습니다. 제자들은 오병이어를 보고나서 무리를 보았고 그들이 가진 오병이어로는 충분치 않다고 보았습니다. 우리들은 대부분 충분치 않은 우리의 소유를 먼저 보고나서 그 이후에 필요를 봅니다. "오 하나님, 그것으로는 충분하지 않아요. 저는 도저히 해내지 못할 거예요!"라고 말합니다. 우리는 우리가 가진 것을 저주합니다. 하지만 예수님은 그것을 축복하셨습니다. 우리는 이렇게 말합니다. "오 하나님, 저는 부르심을 감당하지 못할 겁니다. 저는 설교를 못해요!" 그러나 예수님은 가진 것을 축복하셨습니다.

그런 다음 그분은 오천 명을 먹이셨습니다. 여자와 아이들은 포함이 되지 않은 숫자입니다. 예수님은 보리떡 다섯 개와 물고기 두 마리로 일만 명 넘게 먹이셨고, 모두가 배불리 먹었지만 먹고 남은 것이 먹기 전보다 훨씬 많았습니다.

믿음으로 보라

오병이어 사건을 논리적으로 한번 생각해 봅시다. 만일 예수님께서 떡을 떼어 그것을 모두 예수님의 손에서 불어나게 한 다음 제자들에게 주어서 그들이 이리저리 다니면서 그 모든 사람들에게 나눠 주고 또 다시 예수님께 와서 떡과 물고기를 받아가는 방법으로 했다면 적어도 일곱 시간은 걸렸을 것입니다(이에 관한 자세한 설명은 '라이프 포 투데이 복음서 편Life for Today: Gospels Edition' 177페이지의 누가복음 9:16 각주를 보십시오. 또는 www.awmi.net에서 무료로 볼 수 있습니다). 그러나 훨씬 더 가능성 있는 이야기는 주님께서 한 번 떡을 떼어서 제자들에게 주신 것입니다. 그리고 나서 제자들은 그 작은 생선 조각과 떡 한 조각을 들고 나갔을 것입니다. 그들은 그것을 떼어, 나누어주었고, 그것이 그들의 손에서 불어나는 것을 보았을 것입니다.

그렇다면 예수님은 오병이어를 축복하여 그것을 제자들에게 바로 주셨을 것이고 그 다음에는 제자들이 50명씩 모여 앉은 배고픈 사람들에게 이 소량의 음식을 나누어주기 위해선 많은 믿음이 필요했을 것입니다. 제자들 중에는 "예수님, 이것 가지곤 안 됩니다!"라고 한 사람도 있었을 것입니다. 그러나 부족하지 않았습니다. 그들에겐 충분히 있었습니다.

그 조그만 떡 한 조각과 생선 한 조각이 축복 기도를 받고나니 수천 명의 사람들이 충분히 먹고도 남았던 것입니다. 그러나 그들은 그것을 영적으로 보아야만 하였습니다.

당신이 가진 것은 충분한 것 이상입니다. 육안으로는 보지 않는 단계에 이를 정도로 상상력을 새롭게 한다면 말입니다. 만일 당신의 참된 잠재력을 볼 수만 있다면 하나님께서 당신에게 주신 것이 무엇인지 마음으로 볼 수 있을 것입니다.

하나님의 말씀을 취하여 그것으로 당신의 마음속에 그림을 그리십시오. 그리스도를 죽은 자 가운데서 살리신 그 동일한 능력이 당신 속에서 살아 역사하고 있음을 그 그림이 보여줄 것입니다(롬 8:11). 당신은 더 부어 달라고 하나님께 간구할 필요가 없습니다. 다만 위를 쳐다보고, 영적 시력을 받아서 당신이 이미 가지고 있는 것을 보면 됩니다. 그렇게만 하면 사람들이 구원받고, 치유받고, 자유케 되는 데 쓰임 받게 될 것입니다. 예언의 말씀도 받으며 성령님의 은사로 기능하게 될 것입니다.

하지만 문제는 우리가 위를 쳐다보지 않는다는 것입니다. 우리는 영적으로 보려고 하지 않습니다. 우리는 우리의 속사람으로 보려고 하지 않습니다. 우리는 하나님께서 우리를 보시는 관점으로 우리 자신을 보기 위해 상상력을 사용하지 않습니다. 대신 우리는 거울을 들여다봅니다.

그리고 사람들이 우리를 어떻게 생각하는지에 귀를 기울입니다. 우리는 다른 교회들을 바라보고는 '음, 저기는 저렇게 하는군.' 하고 생각합니다. 비교를 하면서 다른 사람들이 우리 내면에 그림을 그리게 합니다. 그러나 당신은 하나님의 말씀으로 가서 하나님께서 당신에 대해 말씀하시는 것을 찾아야 합니다. 당신이 누구인지 또 당신이 무엇을 할 수 있는지를 찾아야 합니다. 그 방법으로 자신을 보아야 합니다.

당신은 자신을 어떻게 보는가?

대부분의 그리스도인들은 그들의 진정한 자아를 본 적이 없습니다. 만일 제가 누군가에게 "당신은 어떤 모습입니까?"라고 물으면 그들의 겉사람을 설명하겠지만 아마도 자신이 그리스도 안에서 누구인지는 알지 못할 것입니다. 그런 이유로 우리는 가난하고, 낙심해 있고, 패배한 거지처럼 사는 것입니다. 하나님께서 이미 모든 것을 주셨건만, 우리는 그것을 제대로 본 적이 없는 것입니다.

예수님께서 앞을 못 보는 자를 위해 기도하시고 그로 하여금 위를 보게 - 아나블레포 - 하셨습니다(막 8:25). 그는 시력을 회복하였고 그의 눈이 열리게 되었습니다. 당신의 마음의 눈이 열리게 해야 합니다. 그렇게 하는 방법은 하나님을 영화롭게 하는 것입니다. 하나님께 가치를 부여하고 하나님을 높이기 시작하십시오. 성경책을 들고 이렇게 말하십시오. "예수님, 주님은 모든 이름 위에 뛰어나십니다. 암은 암이라는 이름이 있습니다. 가난도 이름입니다. 그러니 주님은 이 모든 것보다도 더 높으십니다!" 이 모든 상황보다 더 크신 하나님을 보십시오. 그런 다음 하나님께서 이미 행하신 그 모든 것들에 대해 감사하십시오. 당신의 기억을 살려서 이미 승리한 것들을 떠올리십시오. 이렇게 하면, 나쁜 일이 아니라 좋은 일들이 일어나는 것을 상상력으로 보게 될 것입니다. 실패가 아니라 성공하는 자신의 모습을 보기 시작할 것입니다. 당신의 상상력이 당신에게 대적하는 쪽으로 기능하지 않고 당신을 위하는 쪽으로 기능할 것입니다. 그러므로 당신의 생각imagination;상상은 허망하지 않을 것입니다(롬 1:21).

하지만 만일 당신이 하나님을 영화롭게도 하지 않고, 감사하지도 않으며, 그분의 선하심을 기억하지도 않는다면 당신은 부정적인 사람이 될 것입니다. 마귀의 작은 속삭임 한마디에 당신의 상상력은 곤두박질쳐서 마귀가 당신의 인생을 망치는 것을 그리게 될 것입니다. 오늘날 대부분의 사람이 그런 상태가 아닙니까?

당신의 상상력은 중요합니다. 당신은 상상을 기능시킬지 말지를 선택할 필요는 없습니다. 그것은 항상 기능하기 때문입니다.

당신은 그것이 기능하는 방향만 결정하면 됩니다. 당신을 위하는 방향인지 아니면 반대하는 방향인지를 말입니다.

만일 당신의 상상이 허망하다면 당신의 미련한 마음이 어두워질 것입니다(21절). 당신은 자신의 마음과 반대로 기능할 수가 없습니다. 당신의 마음이 가장 중요한 것입니다.

무지한 자인가, 게으른 자인가, 아니면 행하는 자인가?

지금까지 제가 나눈 것 중에 어려운 것은 전혀 없습니다. 모두 매우 단순한 내용입니다. 하지만 사람들은 그들의 생각mind을 새롭게 하기보다는 행함으로 노력하는 쪽을 택하려 합니다. 그들은 하나님을 영화롭게 하고 감사하기보다는 기도 사슬을 만들기 위해 수백만의 사람들을 모아 하나님께 성령을 부으시고 역사하시어 그들이 승리하게 해달라고 기도하는 쪽을 택합니다. "하나님께서 일방적으로 성령을 부어주시면 안 될까요? 저는 TV 드라마나 토크쇼냐 볼랍니다. 하나님께 집중하고 제 생각을 사용하기 위해 노력하고 싶지 않습니다." 사람들은 이렇게 자기 책임을 회피하기 위해 모든 걸 하나님께 돌려버립니다. "부흥사를 초대해서 하면 안 될까요?"

만일 당신이 지속적으로 하나님을 영화롭게 하고, 감사하며, 당신의 상상력을 긍정적으로 사용한다면 당신이 실패하는 것은 불가능합니다. 그 말은 앞으로 당신에게 문제가 하나도 없을 것이라는 말은 아닙니다. 문제는 오지만, 당신은 성공을 할 것입니다. 당신의 삶에서 역사하는 하나님의 내적인 압력이 세상과 환경과 마귀의 외적인 압력을 능가할 것입니다. 아주 단순한 논리입니다.

사람들이 이것을 이해하지 못하는 유일한 두 가지 이유는 무지와 게으름입니다. 이것을 몰랐거나 아니면 아예 어떤 노력도 기울이기를 원치 않는 것입니다. 그들은 누군가에게 안수를 받고 기적이 일어나길 바랍니다. 그러나 당신은 더 이상 '저는 몰랐어요.' 라고 주장할 수만은 없습니다. 말씀을 행하는 자가 되시겠습니까, 아니면 그럴 마음이 없습니까? 매우 단순한 논리지만 이것이 당신의 삶을 변화시킬 것입니다!

제 14 장

전쟁과 마음

은혜와 믿음을 함께 결합하는 것을 어려워하는 사람들이 있습니다. 그들은 좌로나 우로 치우치는 경향이 있습니다.

은혜 중심의 사람들은 이렇게 말합니다. "하나님께서는 모든 것을 은혜로 하십니다. 그러므로 우리가 할 수 있는 일은 없습니다." 하지만 그건 그렇지가 않습니다. 하나님은 하나님이십니다. 하나님은 당신의 선행과 상관없이 당신을 사랑하십니다. 하나님은 모든 사람에 대하여 완벽한 계획을 가지고 계십니다. 당신에 대한 하나님의 은혜는 전혀 아무 공로 없이 얻은 것입니다. 하나님께서 이미 행하신 것보다 더 많은 은혜가 넘치게 하기 위해 할 수 있는 일은 아무것도 없습니다. 고린도전서 15장 10절이 무슨 말씀인지 생각해 보십시오.

그러나 내가 나 된 것은 하나님의 은혜로 된 것이니 내게 주신 그의 은혜가 헛되지 아니하여 내가 모든 사도보다 더

많이 수고하였으나 내가 한 것이 아니요 오직 나와 함께 하신 하나님의 은혜로라

하나님의 은혜는 우리 모든 사람을 위해 있습니다. 하나님은 당신의 인생에 대해 완벽한 계획을 가지고 계십니다. 하나님은 이미 모든 사람을 치유하셨습니다. 하나님은 이미 풍성하게 공급해놓으셨습니다. 하나님은 당신에게 재정적 축복을 명해놓으셨습니다. 당신이 재정적인 문제를 가져야 할 필요가 없습니다. 하나님께서 이미 당신에게 재정적 부요의 축복을 주셨으며 완벽한 건강도 주셨습니다. 그리스도를 죽은 자 가운데서 살리신 바로 그 동일한 능력이 모든 거듭난 믿는 자 속에 있습니다. 당신은 이미 사랑과 기쁨과 평안을 가지고 있습니다. 이러한 것들이 당신의 영에서 넘쳐흐르지 않은 순간은 당신이 거듭난 이후 한 번도 없었습니다.

하지만 하나님께서 영의 영역에서 행하신 것을 풀어내어 그것을 물리적 영역에 나타나도록 하기 위해서는 할 일이 있습니다. 당신은 당신의 거듭난 영 안에 거하시는 하나님의 영원한 생명을 경험할 수도 있고, 그것을 막힌 상태로 그냥 둘 수도 있습니다.

당신이 하는 일이 당신을 향한 하나님의 마음에는 영향을 미치지 않지만, 하나님을 향한 당신의 마음에는 영향을 미칩니다. 만일 당신이 하나님을 구하지 않는다면, 하나님은 여전히 동일하게 당신을 사랑하시겠지만 당신은 하나님을 똑같이 사랑하지 못할

것입니다. 당신의 마음은 하나님을 향해 굳어질 것입니다. 이렇게 은혜와 믿음 사이에는 균형이 있습니다.

저의 책 「은혜와 믿음의 균형 안에 사는 삶믿음의말씀사, 2012」, 「영·혼·몸믿음의말씀사, 2012」, 「당신은 이미 가졌습니다믿음의말씀사, 2010」에 이 내용에 대해 더 자세하게 설명해 놓았습니다. 한번 읽어보시기를 권합니다.

막힌 파이프를 뚫으라

믿음이란 하나님께서 이미 당신에게 은혜로 주신 것에 대한 당신의 긍정적인 반응입니다. 많은 사람들이 이것을 이해하지 못하고 있습니다. 사람은 공허하고, 우울해지고, 낙심될 때마다 하나님께 뭔가를 해달라고 간구합니다. 주님께서는 이미 당신에게 하나님의 축복을 명해놓으셨습니다. 하나님께 축복해달라고, 치유해달라고, 기쁨을 달라고, 당신을 사랑해달라고 간구할 필요가 전혀 없습니다. 하나님께서는 이미 그 모든 것을 당신에게 주셨습니다. 만일 당신이 그것을 경험하지 못하고 있다면 당신의 파이프가 막혀있는 것이지 하나님의 파이프가 막힌 게 아닙니다.

하나님의 송신기는 항상 보내고 있기 때문에 우리가 제대로 수신하고 있는지 확인하기 위해서는 우리의 수신기를 점검해

봐야 합니다. 우리는 우리 자신과 우리의 수신 상태를 점검해야 합니다. 이것이 바로 지금까지 제가 나눈 내용입니다.

로마서 1장 21절은 우리의 삶에서 하나님의 흐름을 막기 위해 우리가 하는 점진적인 일 네 가지를 밝히고 있습니다. 하지만 우리가 그것을 돌려서 긍정적으로 사용한다면 그것은 하나님의 충만함을 유지하는 네 가지 열쇠가 됩니다.

당신의 삶에서 하나님의 흐름을 유지하는 첫 번째 열쇠는 하나님을 영화롭게 하는 것이라고 말씀드렸습니다. 이것은 하나님을 전적으로 가치 있게 여기고, 찬양하고, 높이고, 존경하는 것을 의미합니다. 그것은 또한 하나님을 더 크게 한다는 뜻이기도 합니다. 당신은 하나님을 높이며 당신의 삶에서 하나님을 더 크게 보이게 할 수 있습니다. 당신이 주님께 초점을 맞추고 주님께서 말씀하시고 행하신 것에 가치를 둘 때, 당신의 환경과 문제보다 주님이 더 크게 보이기 시작합니다. 먼저 당신의 삶으로 그 어떤 것보다 주님을 더 귀하신 분으로 존경하고 높여야 합니다. 대부분의 사람들이 놓치는 것이 바로 이것입니다. 그들은 주님께서 그들의 삶에서 행하신 것을 올바로 인정하고 가치 있게 여기지를 않습니다.

두 번째 열쇠는 감사하는 것입니다. 우리는 감사가 없는 세대에 살고 있습니다. 감사하지 않는다는 것은 거룩하지 않은 것입니다(딤후 3:2). 그것은 죄입니다. 그런데 대부분의 사람들은 감사는 일이 잘 돌아갈 때 하는 것이라고 생각합니다. "상황이 잘 돌아가면 감사를 할 거야." 그러나 실은, 지금 가진 것에 대해

감사를 해야 합니다. 삶의 모든 것이 완전할 때까지 기다렸다가
감사를 하려고 한다면 결코 감사하지 못할 것입니다.

사로잡아 복종하게 하라

세 번째 열쇠는 당신의 상상의 능력을 이해하는 것입니다.

우리가 육신으로 행하나 육신에 따라 싸우지 아니하노니 우리의
싸우는 무기는 육신에 속한 것이 아니요 오직 어떤 견고한 진도
무너뜨리는 하나님의 능력이라 모든 이론imaginations;상상을
무너뜨리며 하나님 아는 것을 대적하여 높아진 것을 다 무너
뜨리고 모든 생각을 사로잡아 그리스도에게 복종하게 하니
고린도후서 10:3-5

그리스도인의 삶에는 싸움이 있다는 것을 모르지는 않으시겠
지요. 일단 당신이 거듭난 다음 주님께 진정으로 헌신을 하였다
면 당신은 큰 과녁이 된 것과 같습니다. 마귀가 틀림없이 당신을
공격할 것입니다. 어떤 사람들은 이렇게 생각합니다. '그렇다면
나는 주님께 헌신하고 싶지 않아.' 당신이 마귀와의 싸움에 실패
할거라는 말씀이 아닙니다. 당신은 이길 수 있습니다. 사실 저는
어느 때보다도 더 많은 승리를 누리고 있습니다. 싸움이 없어서

승리를 누리는 것이 아닙니다. 저에게는 어느 때보다 더 많은 싸움이 있지만, 저는 이기고 있습니다. 질 거라고 말씀드리는 게 아니라 단지 싸움이 있다는 말씀입니다.

승리의 삶을 누리는 데는 노력이 필요합니다. 이 성경 말씀은 우리의 싸우는 무기가 견고한 진과 이론imaginations;상상과 하나님 아는 것을 대적하여 높아진 것을 무너뜨린다고 말합니다. 이 무기는 이 모든 생각을 사로잡아 그리스도께 복종시킵니다.

관심을 딴 데로 돌리게 하는 책략

오늘날 그리스도의 몸 된 교회 주위에 떠돌아다니는 영적 전쟁에 대한 이야기 대부분은 완전히 잘못된 것입니다. 그것은 우리의 관심을 딴 데로 돌리게 하는 책략입니다. 전쟁 시, 적군은 자기들이 실제로는 공격하지 않는 어떤 장소를 공격할 것처럼 상대방을 속이려고 합니다. 그래서 상대편이 모든 군대를 그쪽으로 배치하면 그들은 측면을 공격해 옵니다. 마귀가 하는 짓이 바로 그런 것입니다.

사탄은 소위 영적 전쟁이라는 것을 엄청나게 퍼뜨려 왔습니다. 사람들은 묶고 싸우고 하느라고 분주합니다. 그들은 소위 도시와 나라와 기타 여러 영역을 지배한다는 마귀의 세력과 '전쟁'을 벌이려고 애를 쓰고 있습니다. 그러나 거기는 전쟁이 일어나는 곳이 아닙니다. 진짜 싸움은 당신의 생각과 상상에서 일어난다고 성경은 말합니다(고후 10:3-5). 영적 전쟁은 바로 당신의 두 귀 사이에서 벌어집니다!

사람들은 마귀를 '결박' 하여 예배에서 몰아내려고 합니다. 제가 다녔던 교회에서는 모든 출입문과 창문을 '보혈로 덮는' 일을 하곤 했습니다. 만일 마귀가 그 보혈을 통과하여 그리로 들어오게 되면 그는 구원받은 마귀임에 틀림없을 거라고 생각했습니다. 얼마나 우스운 일입니까?

사탄은 최후의 만찬 자리에도 있었습니다. 그가 즉시 유다의 속으로 들어갔다고 성경은 말합니다(요 13:26-27). 이것은 사탄이 바로 그 방 안에 있었다는 뜻입니다. 만일 예수님이 마귀를 최후의 만찬 자리에서 몰아낼 수 없었다면 당신도 집회에서 그를 몰아낼 수 없습니다. 만일 우리가 마귀를 결박하여 우리의 모임에서 몰아낸다면 집회에 남아있을 사람이 별로 없을 것입니다.

싸움과 연결

외부에서 일어나는 것은 문제가 아닙니다. 싸움은 내부에서 일어납니다. 당신의 두 귀 사이, 바로 생각 속에서 일어납니다. 당신은 생각 및 상상과 싸우는 것입니다. 당신의 상상이 얼마나 중요한지 아시겠습니까?

대부분의 사람들은 상상의 긍정적인 면인 꿈, 희망, 목표 및 포부 등을 인지하지 못합니다. 오히려 부정적인 면, 즉 두려움, 염려, 공포 같은 것을 인정합니다. 당신의 내면에서 세상을 어떻게 보느냐가 당신의 삶을 그쪽으로 움직이는 힘입니다.

당신의 상상은 생각을 잉태하는 곳이라고 말씀드렸습니다. 만일 당신의 상상력이 당신에게 유리하게 작용하고 있지 않다면 당신에게 불리하게 작용하고 있다는 뜻입니다. 즉 당신의 창조하는 능력을 빈약하게 만들고 있는 것입니다. 만일 당신의 상상력이 당신에게 불리하게 작용하고 있다면 당신은 부정적인 일들이 일어나게 하는 것 외에 할 수 있는 일이 없습니다. 이것은 너무 중요한 말입니다.

로마서 1장 21절은 하나님을 영화롭게 하고 감사하는 일과 당신의 상상력이 올바르게 작용하는 것의 관계를 보여줍니다. 이들은 모두 서로 밀접한 관계가 있고 연결되어 있습니다. 하나님을 영화롭게 하고 감사하지 않으면서 당신의 상상력을 가동시킬 수는 없습니다. 그 반대입니다. 만일 당신이 하나님을 모든 사람보다 더 존경하고 모든 것보다 더 높이며 실제로 하나님을 찬양하기 시작한다면, 당신의 상상력은 자동적으로 긍정적인 쪽으로 나아갈 것입니다. 만일 당신이 주님께 마땅한 가치를 부여하고 주님께서 말씀하시고 행하신 모든 것에 대해 진정한 감사를 표하기 시작한다면, 당신의 상상력은 긍정적인 방향으로 기능하기 시작할 것입니다. 이것을 반드시 이해하시기 바랍니다.

그러나 만일 당신이 하나님을 영화롭게 하지 않고 감사하지도 않아 당신의 생각imagination이 허망하여진다면, 그때 마지막 단계는 당신의 미련한 마음이 어두워지는 것입니다(롬 1:21).

스스로를 분열시키는가?

성경은 마음을 중요한 주제로 다룹니다. 말씀에는 당신의 마음을 이해하는 데 도움이 되는 자료들이 엄청나게 많이 있습니다. 저의 설교 '굳어진 마음Hardness of Heart'과 '당신의 마음을 준비하는 방법How to Prepare Your Heart'에서 마음에 대해 하나님의 말씀이 계시하는 바를 적게나마 다루었습니다.

예수님께서 말씀하십니다.

> 마음에 가득한 것을 입으로 말함이라
>
> 마태복음 12:34

마음은 당신의 말과 행동을 통제합니다. 그것은 또한 존재의 본질입니다.

> 대저 그 마음의 생각이 어떠하면 그 위인도 그러한즉
>
> 잠언 23:7

대부분의 사람은 이 말씀을 이해하지 못하고 '행동 교정'에만 집중합니다. 마음은 바꾸지 않고 행동만 변화시키려고 합니다. 애초에 그런 행동을 하게 한 것이 그들의 가치 체계였다는 것을 알지 못합니다. 술과 마약에 취하는 사람들, 자동차 사고를 내는 사람들, 직업을 잃어버리는 사람들은 결국 그들의 행실이 자신의 인생을 망치고 있고 다른 사람들까지 위험에 빠뜨리고 있다는 것을 깨닫습니다. 그로 인해 문제가 야기되고 혼란에 빠집니다.

그래서 행동을 바꾸어보려고 합니다. 마음은 바꾸지 않은 채 말입니다. 지금 무슨 일이 일어나고 있습니까? 그들은 스스로를 분열시키고 있는 것입니다. 하나님의 말씀은 이것을 가리켜 '외식'이라고 합니다.

외식

그리스도의 몸인 교회는 대체로 행동을 강조합니다. 그래서 이렇게 설교합니다. "술, 담배, 욕은 안 됩니다. 그런 사람들과는 어울리지도 마세요! 꼭 해야 될 일들은 이런저런 것들입니다. 또 하지 말아야 될 일들도 알려드리겠습니다." 전부 행동에만 강조를 두고, 마음의 변화에는 두지 않습니다. 그것은 사실 사람들로 하여금 외식하는 자가 되도록 조장하고 있는 것입니다.

많은 그리스도인들이 헌금을 하는 이유는 그들이 헌금을 바르게 이해하고 드리는 마음을 가졌기 때문이 아닙니다. 벌을 받을까 두려워서 합니다. 그들은 헌금을 드리는 행동을 하지만 올바른 동기와 태도를 가지고 하는 것이 아닙니다. 그래서 그들이 한 행동의 유익을 온전히 받을 수 없는 것입니다.

내가 내게 있는 모든 것으로 구제하고 또 내 몸을 불사르게 내 줄지라도 사랑[하나님의 사랑과 같은 종류의 사랑]이 없으면 내게 아무 유익이 없느니라

고린도전서 13:3

당신이 하는 행동은 중요하지 않습니다. 하나님의 말씀은 마음의 태도가 행동보다 더 중요하다고 명백하게 증거하고 있습니다. (이 부분이 당신의 헌금에 어떻게 적용되는지 더 알기 원하시면 저의 설교 '재정의 청지기Financial Stewardship', '헌금의 은혜 The Grace of Giving' 및 '헌금에 있어서 은혜와 믿음Grace and Faith in Giving'을 참고하십시오.)
예수님께서 바리새인들에게 말씀하셨습니다.

화 있을진저 외식하는 서기관들과 바리새인들이여 잔과 대접의 겉은 깨끗이 하되 그 안에는 탐욕과 방탕으로 가득하게 하는도다 눈 먼 바리새인이여 너는 먼저 안을 깨끗이 하라 그리하면 겉도 깨끗하리라 화있을진저 외식하는 서기관들과

바리새인들이여 회칠한 무덤 같으니 겉으로는 아름답게 보이나 그 안에는 죽은 사람의 뼈와 모든 더러운 것이 가득하도다

마태복음 23:25-27

주님은 당신의 행동보다 마음에 더 관심을 가지십니다. 만일 당신의 마음이 바르다면 당신의 행동 또한 바르게 될 것입니다.

하나님은 당신의 마음을 보신다

이 말씀이 겉으로는 좋은 말처럼 들리지만 종교적인 사람들은 이 말씀을 그들의 삶에 적용하기를 싫어합니다. 그들은 진실하게 마음을 다루기보다는 겉으로 드러나는 모양과 외적인 행동에 더 많은 관심을 둡니다. 어떤 사람들은 온통 외부적인 것들에 사로잡혀 있습니다. 만약 어떤 사람이 하나님을 알고자 하는 마음으로 교회에 왔는데, 그 교회의 복장 규정에 맞지 않는 옷을 입고 왔다면 그들을 판단하시겠습니까? 만일 그들이 박수를 치지 말아야 할 때 박수를 치고 당신의 조용한 교회에서 큰 소리로 할렐루야를 외쳤다면 그들을 판단하시겠습니까?

사람은 외모를 보거니와 나 여호와는 중심을 보느니라

사무엘상 16:7

만일 당신의 마음을 하나님께 드린다면 당신의 행동은 결국 변하게 될 것입니다. 마음과 행동의 관계가 이렇게 중요한데 사람들은 외모만을 보려고 합니다.

대부분의 종교는 인간 중심적입니다. 인간의 생각에 따라 돌아갑니다. 그래서 그들은 외적인 모습에 모든 강조점을 둡니다. 당신이 외모를 깔끔히 단장하고 그들처럼 행동하는 한 당신의 마음이 그들과 함께 하든 말든 그들은 상관치 않습니다. 당신의 마음은 그들에게 중요하지 않기 때문에, 그저 옷을 잘 차려입고 교회에 나와서 바른 행실을 하고, 헌금통에 돈을 넣기만 하면 됩니다.

그러나 하나님께는 당신의 마음이 중요합니다. 하나님은 당신의 마음을 변화시키길 원하십니다. 우리의 사생활에 있어서도 마음의 상태에 대해서는 무시를 하면서 행동은 얼마나 많이 강조하는지 놀라울 뿐입니다. 하나님은 당신의 마음을 보신다는 것을 깨달아야 합니다. 하나님을 기쁘시게 하는 것은 우리의 마음입니다.

제 15 장

마음으로 살기

제가 애리조나 주 피닉스Phoenix에서 집회를 인도하고 있는데 맨 앞줄에 한 젊은 여성이 기쁨으로 인해 방방 뛰며 어찌할 줄 몰라 하고 있었습니다. 거듭난 지 두 달밖에 되지 않아 기쁨이 충만하였습니다. 그래서 저녁 집회 때 간증을 부탁했습니다.

그분이 앞에 나와 간증을 시작했는데 말끝마다 비속어가 튀어 나왔습니다. 그리고 마침내는 욕이 튀어나오자 기겁을 하는 사람들도 있었고 웃는 사람들도 있었습니다. 그녀는 저를 보더니 물었습니다. "제가 뭘 잘못했나요?"

제가 대답했습니다. "아니, 잘못한 거 없으니 계속 하세요."

그래서 그녀는 간증을 계속 하였는데 거의 10분 동안 욕설을 퍼부어댔습니다. 예배가 끝난 후 사람들이 제게로 와서 말했습니다. "어떻게 교회에서 그런 말을 하도록 허락하십니까?" 그들은 그녀가 사용한 단어를 비판하였습니다. 겉사람만 보고 판단하였지 그녀의 마음은 완전히 놓친 것입니다.

저는 이렇게 말했습니다. "이거 아십니까? 하나님께서는 지난 수년 동안 했던 당신들의 간증보다 저분의 간증을 더 기뻐하셨을 겁니다. 여러분은 겉모습은 반듯해도 속은 텅 비었습니다. 겉으로는 어떻게 행동해야 할지 안다고 해도 여러분의 마음은 하나님에 대한 열정이 없습니다. 특별한 일이 없는 한, 여러분은 절대 욕은 하지 않겠지요. 그러나 그것은 교회 안에서 어떻게 행동해야 할지 잘 배웠을 따름입니다. 그러나 이 자매님은 온 마음으로 하나님을 사랑합니다. 무슨 단어를 써야 할지 아직 머리가 따라주지 않은 것뿐이에요."

일 년 후에 제가 그 교회를 다시 방문했을 때 그녀가 제게 와서 이렇게 사과하였습니다. "죄송해요. 저는 그리스도인들이 그런 말을 쓰지 않는다는 걸 몰랐습니다. 저는 오랜 시간을 세상에서 보냈거든요. 저는 창녀로 살았고 다들 저와 같은 말을 쓰는 줄 알았습니다. 제가 잘못하고 있다는 것도 몰랐습니다." 그분을 이해하고 기다려 주었더니 효과가 있었던 것입니다.

"스스로 배울 겁니다"

저희 부부가 텍사스 주 칠드레스Childress에서 사역하던 시절 어떤 여자 분을 주님께 인도하였습니다. 그녀와 그녀의 남편은 3년 동안 나체촌에서 생활하던 사람들이었습니다. 이 여성이 거듭나긴 했지만, 처음 교회에 나왔을 때 가진 옷이라고는 짧은 반바지 뿐이었습니다. 옷이 너무 짧아서 그걸 입고 자리에 앉을 수가 없었습니다. 위에는 소매가 없이 몸을 훤히 드러내는 옷을 입고 있었습니다. 게다가 이분은 풍만한 체구의 여성이었습니다. 당시 우리는 작은 교회였기 때문에 동그랗게 둘러앉곤 했습니다. 많아야 50명 정도 모였기 때문에 그녀를 마주하고 앉지 않을 수 없었습니다. 우리가 춤을 추며 하나님을 찬양하기 시작했을 때, 그녀의 모습과 우리의 상황이 어땠을지는 여러분의 상상에 맡기겠습니다!

그럴 때마다 우리 교회의 종교적인 사람들이 제게 와서 따지고 비판하면서 대들었습니다. "목사님, 뭔가 조치를 취하셔야죠?"

제가 대답했습니다. "우리가 공원에서 이분을 전도했을 때, 예수님이 이분을 사랑한다고 전하기 위해 그분의 몸을 가리고 뭐라도 덮어줘야 했었습니까? 조금 기다리세요. 이분 스스로 배울 겁니다." 그리고 6주쯤 지났을까요? 그리 오래 걸리지도 않았습니다.

어느 날 제 아내가 인도하는 여성 성경 공부에 그 여자 분이 참석했습니다. 그녀가 말했습니다. "저기요, 저는 평생 원피스 한 벌을 사 본 적이 없습니다. 저한테 원피스가 있으면 정말로 여러분들처럼 입고 다니고 싶어요. 원피스 하나 살 돈이 생기도록 모두 기도 좀 해주시겠어요?" 그날 오후 2시가 되기도 전에 그때 참석했던 모든 자매들이 전부 그분에게 원피스를 가져다주었습니다! 그리고 그 원피스들은 전부 목까지 올라오고 발목까지 내려가는 옷들이었습니다. 다가오는 주일에 그분은 그 원피스를 입고 아주 당당한 모습으로 예배에 참석하였습니다. 어느 누구도 그녀에게 "당신이 우리처럼 옷을 입지 않는다면 하나님은 진노해서 당신을 사랑하지 않으실 것입니다."라고 말할 필요가 없었습니다.

저 또한 다른 사람들이 우리를 보고 정욕을 품지 않을 만한 옷차림을 해야 한다고 생각합니다. 정욕을 부추겨서는 안 되지요. 하지만 그것은 신앙이 성장하면서 당연히 따라오는 것입니다. 하나님께서는 당신의 마음을 보십니다. 이 여성은 전심으로 하나님을 구했습니다. 만일 우리가 그녀에게 다가가서 그녀가 하나님께 집중하지 못하게 하고 이 모든 외부적인 것들만 중요시했더라면 주님께서 전혀 기뻐하지 않으셨으리라 생각합니다. 주님께서 이 분에게 직접 가르쳐 주실 거라는 것을 제 마음으로 알았고 과연 주님께서 그렇게 하셨습니다.

행동은 결과이다

종교적인 사람들은 이런 경우 어찌할 줄을 몰라 합니다. 다른 사람들의 행동을 교정해 줘야 한다고 생각하기 때문에 외식을 조장하는 것입니다. 그들이 강조하는 것은 사람들이 진심으로 원하든 말든 자기들의 기준을 따르라는 것입니다. 그리고 상대방은 그들에게 받아들여지기 위해서 굴복을 하는 것입니다. 이것이 외식을 낳습니다. 우리의 일은 영혼을 낚는 것입니다. 그들을 깨끗이 하는 것은 주님의 일입니다. 관대한 마음으로 사랑하십시오. 그리고 하나님께서 그들의 마음에 역사하도록 하십시오.

마음 상태가 당신의 행동을 좌우합니다. 어떤 사람들은 마음을 바꾸지 않은 채로 행동만 바꾸려 합니다. 그러나 그렇게 역사하지 않습니다. 하나님은 먼저 당신의 마음을 변화시키길 원하십니다. 그러면 당신의 행동은 결과적으로 변하게 됩니다. 행동은 원인이 되는 힘이 아닙니다. 뒤따라오는 것입니다. 바른 행동은 하나님과 친밀한 관계의 결과물입니다.

경건하게 행동하지 말라는 말씀이 아닙니다. 마음으로부터 우러나와야 한다는 뜻입니다. 그렇지 않으면 하나님을 기쁘시게 하지 못합니다. 그것이 당신의 종교심을 만족시켜서 사람들에게 점수를 딸지는 모르나, 하나님은 당신의 마음을 보십니다.

바른 일들을 하는 것 자체가 문제는 아닙니다. 가난한 자들을 먹이기 위해서 가진 것을 몽땅 다 줄 수도 있고, 심지어는 순교자로 죽을 수도 있습니다. 하지만 하나님적인 사랑God's kind of love에 의해 움직이는 것이 아니라면 아무 유익이 없을 것입니다(고전 13:3). 순수한 사랑이 동기가 되어 행해야 합니다.

총명이 어두워지고

그러므로 로마서 1장 21절에서 마음이 '어두워진다'고 할 때 그 말은 하나님께 무감각해진다는 이야기입니다. 더 이상 반응을 보이지 않는 것입니다. 하나님의 음성을 듣지 않습니다. 굳어진 마음입니다.

> 그러므로 내가 이것을 말하며 주 안에서 증언하노니 이제부터 너희는 이방인이 그 마음의 허망한 것으로 행함같이 행하지 말라 그들의 총명이 어두워지고…
>
> 에베소서 4:17,18

여기서 총명understanding이란, 헬라어에서는 상상imagination 과 같은 단어입니다. 당신이 이해할 수 있도록 해주는 것은 당신의 상상입니다. 그러므로 상상과 총명은 같은 말입니다.

> …그들 가운데 있는 무지함과 그들의 마음이 굳어짐으로 말미암아 하나님의 생명에서 떠나 있도다
>
> 에베소서 4:18

로마서 1장 21절에서 '그들의 미련한 마음이 어두워졌나니' 는 여기서 마음이 굳어졌다는 것과 같은 말입니다. 마음이 하나님을 보고, 인지하고, 하나님의 음성을 듣고, 귀를 기울일 수 있는 능력이 없다는 것을 말합니다.

원래의 의도

우리 대부분의 현재 삶의 방식은 하나님의 창조 의도가 아니었습니다. 우리들 대부분은 정신적, 감정적, 신체적 기관(혼과 몸)을 통해 살아갑니다. 우리의 혼과 몸을 세상적인 정보로 먹입니다. 어떻게 행동해야 마땅한지 혼과 몸을 가르칩니다. 대부분의 사람들에게는 물리적인 정신mind이 추진력의 역할을 합니다. 그리고 다섯 가지 감각을 통해 수집하는 이 모든 외부적이고 물리적인 정보에 근거하여 결정을 내립니다. 이것은 인간을 향한 하나님의 창조 목적이 아니었습니다.

하나님께서는 물리적인 정보를 처리할 능력도 우리에게 주셨습니다. 예를 들면, 당신이 자동차를 운전할 때 신호등이 빨간 불이면 그것에 반응하여 차를 멈출 수 있어야 합니다. 그러나 하나님은 우리의 겉사람이 우리를 통제하도록 창조하지 않으셨습니다.

인간은 원래 하나님과 교제하는 존재로 창조되었습니다. 그때는 인간의 마음heart, 즉 영이 하나님과 끊임없는 교제 가운데 있었기 때문에 하나님께서는 인간의 영에게 말씀하셨습니다. 그때는 전적으로 영으로 인도받았습니다. 마음이 생각과 감정과 행동을 지시했습니다. 그러나 인간이 하나님께 죄를 범하자 그 교제가 끊어졌고 인간의 영은 죽었습니다. 존재 자체가 사라지거나 기능이 멈춘 것이 아니라 하나님과 분리되었던 것입니다. 그것이 성경에서 말하는 '죽음'이라는 단어의 의미입니다. 즉 분리입니다.

성경에는 '존재하기를 그친다'는 것은 없습니다. 누가 죽으면 그 몸은 흙으로 돌아가지만, 그 존재가 그치는 것은 아닙니다. 몸과 분리가 되는 것입니다. 성경에서 우리를 가리켜 허물과 죄로 죽었다고 말할 때(엡 2:1) 그것은 우리가 여전히 기능을 하고 있지만, 하나님으로부터 분리가 되어 있다는 말입니다.

일단 그렇게 된 이후에 하나님께서 다시 교제할 수 있는 길을 마련해 주실 때까지 인간은 하나님과 분리된 상태에 있었습니다. 주님의 음성을 듣고 주님을 따르는 대신, 사람들은 그냥 이런 외부적인 정보에 근거하여 자신의 삶을 다스리기 시작했습니다. 하지만 우리는 거듭난 자들이기 때문에 우리의 육적인 생각과 외적인 환경이 아니라 우리의 마음heart이 우리의 삶을 지배하고 다스릴 수 있는 가능성이 생겼습니다(고후 5:7). 그러나 그렇게 하고 있는 그리스도인은 거의 없습니다.

장래 일

예수님께서는 성령이 오시면 그분이 우리에게 모든 것을 가르치시고, 우리를 모든 진리로 인도하시며, 모든 것을 생각나게 하시고, 장래 일을 우리에게 알려주실 것이라고 말씀하셨습니다(요 14:26, 16:13). 우리는 무슨 일이든 할 수 있는 영의 사람의 잠재력에 의존하지 않았습니다.

제가 15년 전에 그 성경 말씀을 묵상하고 있는데 주님께서 이렇게 말씀하셨습니다. "내가 너에게 장래 일을 알려줄 수 있도록 너는 나의 말에 귀를 기울이지 않는구나." 그래서 그 문제를 놓고 기도를 했고 하나님의 음성을 듣고 그분의 영향을 받기 위해 하나님 앞에서 잠잠한 시간을 가졌습니다.

그 당시에 나는 2~3년간 제 친구에게 말 네 마리를 맡겼습니다. 매 주일 교회에서 만나면 그는 나에게 와서 이렇게 말했습니다. "그 말들을 키울 수 있어서 얼마나 좋은지 몰라. 내가 더 이상 풀을 벨 필요가 없으니까. 그 말들을 키울 수 있어서 너무 좋다네." 그는 말이 있는 곳으로 가서 말들을 먹이고 함께 놀아주곤 했습니다. 모든 게 잘 돌아갔습니다.

내가 주님께 장래 일을 알려 달라고 구하기 시작했을 때 주님께서 처음으로 말씀해 주신 것이 이것이었습니다. "너는 그 말들을 키울 새로운 장소를 물색해야 한다."

처음에 나는 이렇게 생각했습니다. '하지만 거기는 공짜이고 그가 거기서 말 키우는 걸 좋아하는데요!' 주님의 말씀이 이해가 되지 않아 저는 일주일 정도 그냥 있었습니다.

그러다 결국은 여기저기 다니면서 말을 키울 수 있는 장소를 찾았습니다. 토요일에 새로 제 말을 맡아 줄 사람과 계약을 맺고 그 사람에게 말했습니다. "언제가 될지는 확실치 않지만 곧 그 말들을 여기로 옮길 겁니다."

다음날인 주일에 내 말을 맡아준 이 친구가 나에게 와서 이렇게

마음으로 살기 205

말했습니다. "더 이상 감당 못하겠네. 화요일까지 그 말을 딴 데로 옮겨야 하네. 나는 더 이상 말들을 맡지 않겠네!" 그에게 들은 부정적인 말은 그것이 처음이었습니다. 하나님 음성 외에 이런 일이 있으리라는 징후는 전혀 느끼지 못했습니다. 그러나 하나님의 음성이 있었기에 그가 나에게 말하기 전날에 이미 장소를 준비해 놓을 수 있었던 것입니다. 이것은 주님께서 알려주신 많은 것들 중에 첫 번째 일이었으며, 이 일로 인해 결국 우리가 지금 살고 있는 곳으로 우리를 인도하셨습니다.

주님께서는 제가 TV 방송 사역을 시작하기 18개월 전에 곧 하게 될 것이라고 말씀해 주셨습니다. 그 후 두 사람이 저에게 그 사역을 예언하였습니다. 그것이 하나님의 음성을 확언해 주었습니다. 이런 것들은 그저 작은 예들에 불과하지만, 이렇게 작은 일부터 시작해야 합니다. 작은 일에 대한 주님의 음성을 듣지 못한다면 큰 일에 대한 주님의 음성은 어떻게 들을 수 있겠습니까! 우리들 대부분은 외부에서 오는 어떤 음성을 기다리지만, 하나님께서는 우리의 마음에 말씀하기를 원하십니다.

영의 생각

당신에게 두 가지 생각mind이 있다는 것을 알고 계셨습니까?

너희는 유혹의 욕심을 따라 썩어져 가는 구습을 따르는 옛 사람
을 벗어 버리고 오직 너희의 심령이 새롭게 되어

에베소서 4:22-23

당신은 육적인 생각natural mind과 영의 생각spirit mind을 가지고 있습니다. 영의 생각이란 당신의 거듭난 영 안에 있는 그리스도의 생각mind입니다(고전 2:16). 저의 책 「영 · 혼 · 몸」믿음의말씀사, 2012을 읽어보시면 이 부분에 많은 도움이 될 것입니다.

하나님께서 말씀하실 때 당신은 육적인 생각 대신 영적인 생각에 근거하여 결정을 내릴 수 있습니다. 제 말이 많은 사람들에게 생소하게 들릴지도 모릅니다. 두 종류의 생각mind이 있다는 사실에 대해 전에 한 번도 생각해 본 적이 없었을 테니까요. 그러나 성경이 두 가지 생각을 품지 말라고 한 걸 보면 두 마음이 있다는 뜻입니다(약 4:8).

두 마음 사이를 왔다 갔다 하지 않는 것이 좋습니다. 대신 영적인 생각을 해야 합니다. 즉 당신의 영의 생각이 최종 결정을 하게 하는 것입니다. 그리고 육적인 생각은 결정된 사항을 진행할 때 사용합니다. 물리적인 정보도 받아들이되 결정은 당신의 영의 생각mind, 즉 당신의 마음heart이 내리도록 해야 합니다. 당신의 마음은 보고, 듣고, 생각하고, 결정을 내릴 능력이 있습니다. 당신은 당신의 마음으로 살아가야 합니다. 당신의 머리로 살아가면 안 됩니다.

사람들이 이해하기에는 너무 어려운 내용입니다. 특히 교육을 지나치게 높이고 존중히 여기는 우리 사회에서는 더욱 그렇습니다. 뉴스가 당신에게 영향력을 미쳐서 육적인 사람이 되게 합니다. 육적이라는 단어는 간단히 말하면 다섯 가지 감각을 가리킵니다. 당신이 보고, 듣고, 맛보고, 냄새 맡고, 느끼는 것을 말합니다.

대부분의 믿는 자들에게 꽤나 파격적인 말로 들리겠지만, 하나님께서 의도하신 것은 당신의 마음으로 살아야 한다는 것입니다.

제 16 장

하나님께 민감하라

"어떻게 사는 것이 마음으로 사는 것입니까?" 잘 물어보셨습니다.

> 그러므로 내가 이것을 말하며 주 안에서 증언하노니 이제부터 너희는 이방인이 그 마음의 허망한 것으로 행함같이 행하지 말라
>
> 에베소서 4:17

여기서 '이방인' 이란 유대인이 아닌 사람들을 말합니다. 오늘날 주 예수 그리스도께 자신의 삶을 드리지 않은 사람들처럼 하나님의 언약 밖의 사람이었습니다. 그러므로 이 구절은 이런 말입니다. "마음으로가 아니라 머리로 살아가는 불신자처럼 하지 말라."

생명의 근원은 마음으로부터 나옵니다(잠 4:23). 당신은 마음에

귀를 기울이는 법을 배워야 합니다. 하나님의 인도는 마음으로 받아야지, 머리로 받으면 안 됩니다.

대부분의 그리스도인들은 하나님을 알지 못하는 사람들처럼 살면서 왜 그들과 동일한 결과를 얻는지 의아해 합니다. 만일 당신이 불신자처럼 생각한다면 불신자들이 얻는 결과를 얻을 것입니다(잠 23:7). 그러나 그리스도 안에서 새로운 피조물처럼 생각하기 시작하면 당신은 영적인 결과를 얻을 것입니다(롬 8:6, 12:1-2).

만일 당신이 마음의 허망한 것으로 행한다면 당신의 총명, 즉 상상력은 어두워집니다(엡 4:18). 다시 말하지만, 이 모든 것들은 서로 연관되어 있습니다. 만일 당신이 육적인 생각 - 보고, 듣고, 느끼고, 냄새 맡고, 맛보고 하는 것과 두뇌에 들어온 정보를 머리로 처리하는 방법 - 으로 산다면 당신은 하나님께서 하실 수 있는 일을 심각하게 제한할 것입니다.

당신의 마음이 굳어져도, 즉 냉정하고, 무감각하고, 무정하고, 하나님께 불복하는 상태가 되도 그것은 여전히 기능을 합니다. 다만 자동적으로 물질적이고 육신적인 것들에 민감해지는 것입니다. 대부분의 사람들이 이렇게 삽니다. 우리의 마음은 우리의 신체적 감각기관에 민감한 상태가 되어 그것에 의해 지배되고 통제받고 있습니다.

당신은 무엇에 집중하는가?

염려, 두려움, 불신앙 및 분노는 모두 마음에서 나옵니다.

> 마음에서 나오는 것은 악한 생각과 살인과 간음과 음란과 도둑질과 거짓 증언과 비방이니
>
> 마태복음 15:19

> 속에서 곧 사람의 마음에서 나오는 것은 악한 생각 곧 음란과 도둑질과 살인과 간음과 탐욕과 악독과 속임과 음탕과 질투와 비방과 교만과 우매함이니
>
> 마가복음 7:21,22

이런 것들이 모두 마음의 산물입니다. 마음이 이렇게 반응하는 이유는 마음으로 하여금 외부에서 오는 육신적인 것의 지배를 받도록 허용하기 때문입니다. 총명이 어두워지면 하나님께 민감하지 못하게 됩니다. 하나님께서는 계속 말씀하시고 송신을 하시지만, 마음이 민감하지 못하기 때문에 듣지 못하는 것입니다.

당신의 마음은 무엇이든 당신이 관심을 가지고 집중하는 것에 민감하게 됩니다. 또 당신의 마음은 무엇이든 소홀히 여기는 것에는 무감각해지게 됩니다. 만일 당신이 하나님을 영화롭게 하고, 하나님을 높여 드리고, 하나님을 가치 있게 여긴다면 주님과 주님

의 말씀에 더 높은 우선순위를 둘 것입니다. 하나님은 다른 어떤 것들보다 더 많이 당신의 관심과 집중을 차지할 것입니다. 만일 당신이 감사하기를 시작한다면, 당신은 자신을 낮추고 당신의 관심을 부정적인 것들에서 긍정적인 것들로 옮기게 될 것입니다. 이것은 당신의 모든 관심을 하나님께 두는 것이며, 그러면 무엇이든 당신의 관심을 집중하는 것에 민감하게 됩니다. 만일 당신이 하나님을 영화롭게 하고 하나님께 감사한다면, 당신의 상상력은 부정적인 것들을 보는 게 아니라 하나님적인 것들godly things을 보게 될 것입니다. 그 최종 결과는 당신의 마음이 하나님께 민감해지는 것입니다. 이것은 어렵지 않습니다. 너무도 쉽습니다!

그러나 만일 당신이 하나님의 것들을 소홀히 하고 의심, 불신앙, 두려움, 분노, 비판 및 세상의 부정적인 것들에 귀를 기울인다면 당신의 마음이 하나님께 민감해질 방법은 없습니다. 이에 대한 지식은 가질 수 있겠지만 그 지식이 당신을 지배하지 못하는 것입니다. 당신이 민감하지 못한 것은 당신의 마음의 상태 때문입니다.

힘을 실어주기를 거부하라

어떻게 주님 앞에 마음을 민감하게 할까요? 하나님을 영화롭게 하십시오. 다른 어떤 것보다 하나님께 더 많은 가치를 두십시오.

이 말은 또한 다른 어떤 것보다도 하나님께 더 많은 관심을 두고 감사해야 한다는 의미이기도 합니다. 당신이 승리한 것들을 끊임없이 떠올리고 기억하며, 당신의 상상력을 긍정적인 방향으로 발휘하십시오. 당신의 상상력은 잉태하는 곳에 있다는 것을 인정하십시오. 만일 어떤 것이 당신에게서 생산되는 것을 원치 않는다면 그것을 생각하지 마십시오.

당신의 상상력은 생각이 힘을 얻는 곳에 있습니다. 당신은 생각이 당신에게 떠오르지 못하게 막을 수는 없지만, 그것에 힘을 실어주기를 거부할 수는 있습니다. 한번은 내가 전도를 하고 있는데 그 사람이 제 얼굴에 침을 뱉었습니다. 저도 별 생각이 다 들었습니다. 하지만 그것은 지나가는 생각이었습니다. 저는 그냥 계속 그들에게 전도했고 제가 전하는 내용에 주눅 들지 않았습니다. 그것에 힘을 실어주기를 거부한 것입니다.

생각은 때때로 떠오릅니다. 그러나 그 생각을 당신의 상상 안으로 허락하고 그것을 내면의 눈으로 보기 시작하면 그것이 힘을 얻게 되는 것입니다. 그 생각이 상상이 되기 전에 그런 생각들을 중지시키십시오. 당신의 상상이 하나님의 말씀과 반대되는 생각을 따라가지 않도록 하십시오. 이것이 중요한 진리입니다.

만일 당신이 이것을 실천한다면 당신의 마음이 주님 앞에 민감해지는 것을 느끼게 될 것입니다.

평강이 주장하게 하라

당신이 정말로 하나님적인 사랑을 경험하게 되면 소위 세상이 말하는 '사랑'이란 값싼 것에 불과하다는 것을 알게 됩니다. 저도 사랑으로 행합니다. 사람들에게 화를 내지 않습니다. 만일 내 자신이 용서하지 않고 있다거나 누군가를 비판하고 있을 경우 즉시 주님께로 가서 그것에 대해 말씀을 드립니다. "아버지, 이건 아버지의 사랑과 같은 사랑으로 행하는 것이 아니기 때문에 뭔가가 잘못되었습니다." 이와 같이 징후가 보일 때 저는 따로 말씀에서 하나님을 구하는 시간을 갖습니다. 하나님적인 사랑을 느끼는 그 위치로 다시 돌아갑니다. 심지어 저를 미워하는 사람들에 대해서도 그렇게 합니다.

> 그리스도의 평강이 너희 마음을 주장하게 하라
>
> 골로새서 3:15

저는 항상 골로새서 3장 15절 말씀을 사용합니다. 급히 어딘가로 가려다가 밀리는 차에 스트레스를 받지 않도록 합니다. 저는 평강을 잃고 싶지 않기 때문에 차를 갓길에 세워야 한다면 그렇게라도 할 것입니다. 저는 또한 안달하지 않습니다. 공항에서 다른 사람들이 항공기에 탑승하려고 달려가는 것을 봅니다. 저는 그냥 걸어갑니다. 만일 놓치면, 그냥 놓칩니다. 그건 저에게 중요하지 않습니다. 저는 어떤 일에 대해서도 평강을 놓치기를 거부합니다. 저는 평강을 높이 평가합니다. 만일 어떤 것이 저를 불안하게 하고 불편하게 하면 그게 무엇이든 급히 바꾸어버립니다.

"그렇다면 당신은 나의 생활패턴으로는 10분도 못 사시겠네요." 그건 당신의 잘못입니다. 나는 나의 평강을 빼앗아가는 직장에서 일하고 싶지 않습니다.

이것에 접근하는 방법에는 두 가지가 있습니다. 만일 당신이 평강 안에서 행하는 방법을 모른다면 환경과 상관없이 항상 스트레스를 받을 것입니다. 그러나 정말로 당신의 평강을 빼앗아가는 나쁜 상황에 처해 있다면 그 상황을 바꾸어야 합니다. 그건 당신의 건강에 좋지 않습니다. 육체적으로나 영적으로나 말입니다.

저는 저의 평강을 빼앗아가는 것 가운데서는 살지 않습니다. 그와 같은 일들을 하지 않습니다. 그래서 사역하러 가지 않는 곳도 있습니다. 그곳이 경건한 상황이 아니라는 것을 알기 때문입니다. 저는 평강에 근거하여 많은 결정을 내립니다.

"나는 가지 않겠습니다"

1980년에 중앙아메리카에 집회 차 갈 계획을 하고 있었습니다. 그 전에 그곳을 다녀온 적이 있었는데 그때 놀라운 성과를 보았습니다. 이미 항공권도 구입해 놓았고 모든 것이 준비되었습니다.

하지만 그것에 대해 마음에 평안이 없었습니다. 그 당시에 제 어머니가 텍사스에서 콜로라도로 이사를 하시는데 제가 돕고 있었습니다. 열일곱 시간 이삿짐을 실은 차를 몰고 가는 동안 그 중앙아메리카 집회를 놓고 기도를 했습니다. 방언으로 기도하면 할수록 더욱 더 싫어지고 가고 싶지가 않았습니다. 도무지 평안이 없었습니다.

무엇보다도 먼저 내가 정말로 주님을 묵상하고 있는지 체크를 해보았습니다. 열일곱 시간 동안 방언으로 기도한 후에 저는 제가 주님을 묵상하고 있음을 알았습니다. 하지만 여전히 어떠한 평안도 없었습니다. 그걸 놓고 기도를 하면 할수록 평안은 더욱 없어졌습니다. 마침내 그들에게 전화를 걸어서 이렇게 말했습니다. "그곳 상황이 어떤지는 모르지만, 저는 가지 않겠습니다."

마음에 전혀 평안도 없었으므로 그 여행을 취소하였습니다. 후에 알게 된 사실은 제가 돌아오는 길에 타려고 했던 그 항공기가 멕시코시티에서 이륙한 후에 충돌하여 169명 전원이 사망한 것입니다. 저의 생명이 보전된 것은 제가 마음에 귀를 기울였고 평안을 유지하였기 때문입니다.

하나님은 당신의 마음을 통해 당신에게 말씀하십니다. 당신의 마음이 당신을 지배하고 주장하도록 해야 합니다. 그러나 당신이 하나님을 영화롭게 하지 않고, 하나님께 감사하지 않으며, 당신의 상상이 허망하여졌다면, 당신의 어리석은 마음은 어두워질 것입니다(롬 1:21). 바꾸어 말하면 눈이 어두운 것입니다. 당신은 무지함과 마음이 굳어짐으로 말미암아 당신 안에 있는 하나님의 생명에서 떠나 있습니다(엡 4:18). 대부분의 그리스도인이 이런 상황인데 그 이유는 그들이 하나님을 구하지 않고, 하나님께 가치를 두지 않으며, 하나님의 이름을 높이지 않고, 그들의 상상력을 올바로 사용하지 않기 때문입니다. 그들은 하나님께 너무도 둔하고 무감각하기 때문에 하나님께서 그들에게 항상 말씀하시는데도 그것을 들을 수가 없는 것입니다.

"차를 길 한쪽에 대고 주차하라"

존 레이크John G. Lake는 어느 날 자동차로 산길을 올라가고 있었습니다. 일천 피트 낭떠러지의 가파른 왼쪽 커브 길을 돌아갈 때 주님의 음성이 들렸습니다. "왼쪽 차선으로 들어가서 차를 세워라." 그건 말이 안 되는 일이었습니다. 산길에서 가파른 왼쪽 커브를 돌아갈 때 왼쪽 차선으로 바꾸어 들어간다면 반대편 길에서 내려오는 차와 정면충돌할 것입니다. 저도 하나님의 음성을 듣지만 아직은 그 정도로 민감하지는 못합니다. 저 같으면 여러 번의 환상과 확증을 구했을 것이며, 몇 마일 더 운전한 후 반응하였을 것입니다. 그러나 존 레이크는 즉시 차를 길 한쪽으로 몰아서 세웠습니다.

눈 깜짝할 사이에 나무를 싣고 가는 트럭 한 대가 제어가 안 된 채 산길을 질주해 내려오고 있었습니다. 그 트럭은 커브를 조절할 수 없어서 반대편 차선으로 내려오고 있었던 것입니다. 만일 존 레이크가 왼쪽으로 차를 세우지 않았더라면 그 트럭과 충돌하여 둘 다 낭떠러지로 떨어져 죽었을 것입니다.

하나님은 사람을 차별하지 않으십니다. 하나님은 우리 삶에서 무슨 일이 잘못되려고 할 때마다 모든 사람에게 말씀하십니다. 하나님은 우리 마음에 말씀하시지만 우리 마음이 어두워져 있다면 둔해진 마음으로 인해 하나님의 음성에서 멀어져 있는 것입니다.

하나님께서 크리스천 가수 겸 작사가인 키이스 그린Keith Green이 사망하도록 소위 '허락했다'면서 왜 그랬는지 모르겠다고 의심하는 사람들이 많습니다. 그는 소형 비행기를 타고 이륙했는데 높이 친 곡예용 밧줄에 부딪쳤습니다. 비행기가 추락할 때 조종사와 키이스와 그의 자녀 둘이 사망하였습니다. 그러나 그 전에 키이스의 아내가 그 비행기가 추락하는 꿈을 꾸었습니다. 그리고 그 아내는 키이스에게 비행하지 말라고 간곡히 요청하였습니다. 심지어 조종사도 비행기가 중량을 초과했다면서 비행하면 안 된다고 말렸지만 키이스가 우겼습니다.

하나님께서는 언제나 우리에게 말씀하십니다. 하나님께서 고속도로를 타지 말라고 하셨는데 그 음성을 무시하고 고속도로에 차를 올려 대형 사고가 발생했다는 사람들의 이야기를 많이 들었습니다. 신실하지 못한 쪽은 하나님이 아닙니다. 마음의 인도와 지배를 받지 않기 때문에 하나님의 음성을 듣지 못한 우리가 신실하지 못한 것입니다. 이렇듯 무지함과 마음의 어두움 가운데 살아가는 사람들이 많습니다.

완전한 지혜

생각mind의 능력은 당신의 마음heart이 이해하고 처리하는 능력에 미치지 못합니다. 참된 지혜가 있는 곳은 바로 당신의 마음입니다. 당신은 거듭난 자이므로 "그리스도의 마음mind ; 생각을 가졌습니다"(고전 2:16). 성경은 이렇게 말합니다.

새 사람[당신의 영의 사람]을 입었으니 이는 자기를 창조하신
이의 형상을 따라 지식에까지 새롭게 하심을 입은 자니라
골로새서 3:10

물리적인 영역에서도 전문가들이 말하기를 우리가 뇌를 10%만 사용한다고 합니다. 제 생각엔 뇌를 100% 사용한다 할지라도 영의 생각 10%와도 경쟁이 될 수 없을 것입니다. 당신의 영의 생각 안에는 그리스도의 생각이 있습니다!

너희는 거룩하신 자에게서 기름 부음을 받고 모든 것을
아느니라

요한일서 2:20

이 말씀은 당신의 물리적인 생각에 대해 말하는 것이 아닙니다. 학교 다닐 때 당신의 시험 성적이 그것을 증명합니다. 모든 것을 아는 것은 당신의 뇌가 아니라 당신의 영입니다. 당신의 거듭난 영 안에 그리스도의 완전한 지혜와 생각이 있습니다. 당신은 영으로 모든 것을 압니다. 그러나 당신의 생각을 어두워지게 한다면 이 모든 지혜가 무슨 소용이 있으며, 하나님께서 당신에게 말씀하신다 한들 당신이 그것을 알아들을 수 없다면 무슨 소용이 있겠습니까? 하나님께서는 당신의 마음을 통하여 당신에게 말씀하십니다.

머리냐 마음이냐?

우리는 이 엄청난 하나님의 임재를 우리 마음에 모시고 있습니다. 하지만 우리 대부분은 들으려고 하지 않습니다. 하나님은 고요하고 세미한 음성으로 우리에게 말씀하십니다. 그러나 우리는 이 모든 외부적인 것들에 귀를 기울이면서 우리의 별 볼 일 없는 육적인 생각은 어떻게 우리의 삶을 잘 돌아가게 할까 그 방법을 찾아보려고 애를 쓰고 있습니다. 만일 당신이 정직하게 당신의 머리보다 마음을 더 신뢰하는 단계에 이르지 못한다면 당신은 결코 성공적인 그리스도인이 되지 못할 것입니다.

> 내 아들아 내 말에 주의하며 내가 말하는 것에 네 귀를 기울이라 그것을 네 눈에서 떠나게 하지 말며 네 마음속에 지키라
> 잠언 4:20,21

당신은 하나님의 말씀을 어디에 두십니까? 당신의 마음속에 두십시오!

> 내가 주께 범죄하지 아니하려 하여 주의 말씀을 내 마음에 두었나이다
> 시편 119:11

> 그것은 얻는 자에게 생명이 되며 그의 온 육체의 건강이 됨이니라 모든 지킬 만한 것 중에 더욱 네 마음을 지키라 생명의 근원이 이에서 남이니라
> 잠언 4:22,23

생명은 당신의 마음에서 나옵니다. 당신의 생각이나 외부적인 것들에서 나오지 않습니다. 당신의 마음을 힘쓰고 애써 지켜야

합니다. 이 말은 당신의 마음에 우선순위를 두고 그것이 가장 중요한 일임을 확신해야 한다는 뜻입니다.

우리는 우리의 뇌를 훈련합니다. 심지어 미국에는 학교에 가지 않으면 무단 결석자가 되어서 당국의 처벌을 받는 법까지 생겼습니다. 그래서 억지로라도 학교에 가고 여러 가지 일을 합니다. 그러나 당신의 영적인 삶에 있어서는 다른 모든 일이 잘 돌아갈 때에만 말씀을 더 연구하고, 하나님과 더 많이 교제하고, 성령 안에서 더 많이 기도하고 싶어합니다. 가고 싶을 때만 교회 예배에 참석합니다. 이미 우리의 영 안에 있는 지혜를 구하기 위해 그것에 우선순위를 두는 사람들이 별로 많지 않습니다. 하나님을 우리 마음의 첫 번째 자리에 두지 않았기 때문입니다. 그러고는 왜 우리가 더 좋은 결과를 얻지 못하는가 하고 의문을 품습니다. 우리의 생활방식이 진정으로 하나님과 동행하는 삶에 그다지 도움이 되지 않고 있습니다.

앉아서 잠기라

선다 싱Sadhu Sundar Singh은 인도의 힌두교 성자였습니다. 그는 환상을 보고 주님께로 회심하였습니다. 그가 한 번은 뭄바이로 가서 하루에 15명에서 20명 정도가 죽은 자 가운데서 살아나는 데 쓰임 받았습니다. 후에는 수백 명의 사람들이 죽은 자 가운데서 살아나는 데에 쓰임 받게 됩니다! 인도에서 열린 그의 집회에는 50만 명 정도의 사람들이 참석하였는데, 결국 병자들을 위한 기도를 중지하지 않으면 안 되었습니다. 기도해 줄 사람들이 너무 많아서 그가 복음을 증거할 기회가 전혀 없었기 때문입니다. 복음을 전하는 것이 더 중요하다는 걸 느꼈기 때문에 그는 병자들을 위해 기도해 주는 것을 중지하였습니다. 그를 통해 놀라운 일들이 일어났습니다. 제가 인도를 방문했었을 때 선다 싱에 대해 모두가 알고 있었습니다. 그분은 그곳에서 전설적 인물이었고 1929년 세상을 떠났습니다.

1920년 경 그가 미국에 왔었습니다. 미국까지 배를 타고 오는 데는 두 달이 걸렸습니다. 뉴욕에 도착한 그는 배에서 내려 30분 정도 이리저리 둘러보고는 다시 배에 올라 모든 약속을 취소하였습니다. 그는 이렇게 말했습니다. "이곳 사람들은 절대로 복음을 귀담아 듣지 않을 것입니다. 사람들이 너무 바쁩니다." 그게 1920년 일이었습니다! 그가 오늘날 우리의 삶의 모습을 어떻게 생각할지 상상이 됩니까?

> 너희는 가만히 있어 내가 하나님 됨을 알지어다
>
> 시편 46:10

묵상을 하며 당신의 마음을 부지런히 지키는 데는 시간이 걸립니다. 당신은 이렇게 말할 수 없습니다. "나는 질적인 시간을 가진다. 하루에 딱 5분만 하는 거야. 하지만 질적인 시간이거든." 당신은 양적인 시간도 가져야 합니다. 자리에 앉아서 하나님의 임재 속에 푹 잠겨야 합니다.

집회를 연장하는 것은 그런 이유 때문입니다. 만일 한 달간 계속되는 집회를 가진다면, 그 집회가 끝날 즈음엔 3~4일간 집회에서는 결코 보지 못할 일들이 일어날 것입니다. 왜 그럴까요? 사람들이 그냥 앉아서 푹 잠길 것이기 때문입니다. 만일 사람들이 그 정도 시간을 내서 참석하고 말씀 앞에 앉아 하나님의 놀라운 임재 안에 푹 잠길 수만 있다면 그들의 태도는 변화될 것입니다.

당신은 하나님의 임재 안에서 시간을 보내면서 당신의 마음에 귀를 기울이고 주님께서 당신에게 주시는 음성에 주의를 집중해야 합니다. 하나님은 전자레인지처럼 역사하시지 않습니다. 당신은 당신의 기적을 전자레인지로 만들어 낼 수 없습니다. 주님의 임재 안에 앉아서 시간을 보내야 합니다. 지름길은 없습니다.

제 17 장

말씀을 묵상하라

"어떻게 하면 명철을 얻을 수 있을까? 어떻게 해야 나의 마음을 훈련시켜서 들을 수 있고 볼 수 있을까?" 하나님의 말씀이 그 방법을 말해줍니다.

> 내가 주의 증거들을 늘 읊조리므로 나의 명철함이 나의 모든 스승보다 나으며
>
> 시편 119:99

묵상이 무엇입니까? 묵상이란 먼저 말씀을 읽고 나서 육의 눈을 감고 마음의 영적인 눈, 즉 당신의 상상력으로 방금 읽은 말씀을 볼 수 있을 때까지 생각하는 것입니다.

먼저 안에서, 다음에 밖에서

요한복음 14장 12절은 강력한 힘이 있는 말씀이지만 직접 그것을 경험할 수 있으려면 먼저 그것을 마음으로 보아야 합니다.

내가 진실로 진실로 너희에게 이르노니 나를 믿는 자는 내가 하는 일을 그도 할 것이요 또한 그보다 큰 일도 하리니 이는 내가 아버지께로 감이라

그 말씀을 그냥 읽고 지나치지 마십시오. 멈추어서 그 말씀에 대해 생각을 하십시오. 자리에 앉아 성경책을 덮고 이렇게 기도하십시오. "주님, 제가 주님을 믿는 자로서 주님께서 행하신 것과 똑같은 일을 할 것이요 또한 그보다 더 큰 일도 할 것이라고 이 구절이 말씀합니다."

당신 자신이 예수님께서 행하신 일을 하고 있는 모습을 깊이 생각하십시오. 자신이 병자들을 고치고 문둥병자를 깨끗이 하며 귀신을 쫓아내는 모습을 그려보십시오. 직접 죽은 자에게 안수를 하여 그들이 다시 살아나는 것을 그려보십시오. 앞 못 보는 자가 눈을 뜨고, 귀머거리가 듣게 되는 모습을 그려보십시오. 그런 다음 이렇게 선포하십시오. "이것이 바로 예수님께서 나에게 하라고 명하신 일이야. 나는 예수를 믿는 자이므로 이런 일에 쓰임 받을 거야."

만일 당신이 그렇게 묵상을 하게 되면 모든 스승들보다 더 많은 명철함을 얻게 될 것입니다. 당신의 영은 열리기 시작할 것이며 마음으로 사물을 보게 될 것입니다. 하나님께서 당신의 마음에 말씀하시는 음성을 듣게 되며 무슨 일을 할지 알려주시는 음성도 듣게 될 것입니다. 묵상은 이렇게 역사하는 것입니다.

내면의 눈으로 먼저 보지 못하면 밖에서 일어나는 것도 볼 수 없습니다.

"제가 무슨 설교를 하고 있었죠?"

텍사스 주 코퍼스 크리스티Corpus Christi에서 한 번은 수요 예배 때 요한복음 14장 12절을 인용하여 말씀을 전하고 있었습니다. 저는 그 다음날 떠났지만 그 교회 담임목사님은 말씀을 듣고 그 주간 내내 그 구절을 묵상하셨다고 합니다. 주일 오전 예배 때 그는 요한복음 14장 12절을 가지고 다시 설교를 하였습니다. "우리는 죽은 자들이 일어나는 것을 보게 될 것입니다. 나는 이 구절을 죽 묵상해 오다가 내 속에 뭔가를 잉태하게 되었습니다. 이제 곧 일어날 것을 믿습니다!"

그가 이렇게 설교하고 있을 때, 한 남자가 앞으로 걸어 나오더니 그의 가슴을 움켜잡고 쓰러졌습니다. 마침 회중 가운데 간호사가 있어서 급히 달려 나와 그의 심장을 체크해 보고는 이렇게 말했습니다. "죽었습니다. 맥박이 뛰지 않아요." 심폐소생술을 시도하고, 바로 길 건너에 있는 소방서에서 구급차를 불렀습니다. 정상적으로는 긴급 구조요원이 즉각 현장에 도착했어야 할 것인데, 이번에는 25분 이후에나 나타났습니다.

그 구조원은 심폐소생술을 시도했었기 때문에 자기가 할 일은 다 했다며 돌아갔고, 예배는 엉망이 되었으며, 목사님은 어찌할 바를 몰랐습니다.

이 죽은 사람을 교회 앞쪽에 눕혀놓고 목사님이 마침내 이렇게 말씀하셨습니다. "기도합시다." 교인들이 기도를 시작하자, 그가 소리 질렀습니다. "아니, 제가 무슨 설교를 하고 있었죠? 우리는 죽은 자가 다시 살아나는 걸 보게 될 것이라고 했습니다. 그리고 이 사람은 죽었습니다." 그러고 나서 목사님이 그 죽은 자에게 걸어가서 살아나라고 명령했더니 이 사람이 죽은 자 가운데서 살아났습니다. 병원에서 막 사람들이 도착해 교회 안으로 들어온 바로 그 순간에 말입니다!

병원으로 데려가서 검진을 한 결과, 그는 완전히 건강하다는 진단이 나왔고 그래서 집으로 보내졌습니다. 이 사람이 택시를 타고 다시 교회로 돌아왔습니다. 그는 목사님에게 택시비를 지불하라고 말했습니다. "저는 병원에 가기를 원치 않았습니다. 목사님께서 저를 병원으로 보내셨으니 택시 값을 내세요!" 그래서 그들은 이 사람이 죽은 자 가운데서 살아난 것을 보았던 것입니다.

그런 일이 어떻게 해서 일어났을까요? 무엇보다도 먼저 그들이 그 말씀을 묵상하기 시작했기 때문입니다.

당신의 생각을 훈련시키라

저는 지금 누구를 야단치려는 게 아닙니다. 그저 하나님이 문제가 아니라는 점을 분명히 하고 싶을 뿐입니다. 우리의 문제는 바로 우리입니다. 여호수아 1장 8절에서 말하는 것처럼 주야로 말씀을 묵상하는 사람들이 극히 적습니다. "아니, 모든 사람이 당신처럼 설교자는 아니잖아요. 누군가는 일을 해야 합니다. 나는 주야로 말씀을 묵상할 수 없습니다." 아니요, 당신은 할 수 있습니다.

당신에게 있는 염려하는 바로 그 부분이 묵상을 하는 같은 부분입니다. 염려란 어떤 좋지 않은 것, 나쁜 것을 묵상하는 것입니다. 당신은 하나님에 관한 일들을 묵상하면서 동시에 일을 할 수 있습니다. 사실은, 일하면서 묵상하면 훨씬 더 잘할 수도 있습니다. 생각을 하나님 앞에 계속 둘 수 있습니다. 모든 생각을 사로잡아 그리스도께 복종시킬 수 있습니다. 주야로 말씀을 묵상하기 위해 사역자가 될 필요는 없습니다.

대부분의 사역자들은 하루 24시간 대기상태에 있습니다. 할 일이 너무도 많습니다. 사역자가 되면 오히려 말씀을 묵상하면서 시간을 보내기가 어렵습니다. 할 일이 너무 많기 때문입니다.

그러니 '묵상이 모든 사람에게 적용되는 것은 아니다.' 라는 말은 하지 마십시오. 성경은 말하기를 우리가 모든 생각을 사로잡아 그리스도께 복종시킬 수 있다고 했습니다(고후 10:5). 당신이 할 수 없는 일이라면 하나님께서 주야로 말씀을 묵상하라고 명하시지 않았을 것입니다. 당신은 얼마든지 할 수 있습니다.

우리의 생각은 훈련되지 않은 근육과 같습니다. 어떤 사람들의 경우는 그 생각이 거의 위축된 상태에 있습니다. 우리는 TV 앞에 앉아 채널을 이리저리 돌리면서 TV가 우리 대신 생각을 하도록 내버려 둡니다. 우리는 아무 노력도 할 필요가 없는 것이지요. 신문을 읽는 것도 어떤 사람에게는 너무 많은 노력을 요합니다. 우리는 그저 자리에 앉아서 주사를 맞듯이 누군가가 우리에게 주기를 원합니다. 당신의 생각을 훈련하는 데는 시간과 노력이 필요합니다. 하지만 생각이 당신의 명령에 따르고 당신이 원하는 것에 생각이 순종하는 단계에 이를 수 있습니다. 당신은 생각을 훈련시킬 수 있습니다.

마음으로 읽기

주의 법도들로 말미암아 내가 명철하게 되었으므로 모든 거짓 행위를 미워하나이다

시편 119:104

하나님의 말씀은 당신에게 명철을 줍니다. 당신의 마음을 열어
줍니다.

> 주의 말씀을 열면 빛이 비치어 우둔한 사람들을 깨닫게 하나
> 이다
>
> 시편 119:130

하나님의 말씀은 당신의 마음을 만집니다. 어떤 사람들은 말씀을 가지고 씨름을 하는데, 머리로 깨달으려하기 때문입니다. 그러나 하나님의 말씀은 당신의 마음을 위해 기록된 것입니다. 만일 당신이 마음으로 읽는다면 말씀을 깨닫게 될 것입니다. 만일 당신이 머리로 말씀을 분해하려고 한다면 혼란에 빠져 내용을 놓치게 될 것입니다.

하나님의 말씀은 당신의 마음에 기록이 됩니다. 귀를 기울인다면 주님의 말씀이 열려서 당신에게 빛이 비쳐질 것입니다. 그것은 우둔한 사람들을 깨닫게 해줍니다.

잠언의 목적은 다음과 같습니다.

> 이는 지혜와 훈계를 알게 하며 명철의 말씀을 깨닫게 하며 지혜롭게, 공의롭게, 정의롭게, 정직하게 행할 일에 대하여 훈계를 받게 하며 어리석은 자를 슬기롭게 하며 젊은자에게 지식과 근면함을 주기 위한 것이니 지혜 있는 자는 듣고 학식이 더할

것이요 명철한 자는 지략을 얻을 것이라 잠언과 비유와 지혜
있는 자의 말과 그 오묘한 말을 깨달으리라

잠언 1:2-6

잠언이 기록된 것은 당신에게 하나님의 지혜와 명철을 주기
위한 것입니다. 만일 지혜와 명철이 없다면 잠언을 읽으십시오.
어떤 구절을 읽을 때 이렇게 기도하십시오. "주님, 주님께서 저
에게 지혜와 명철을 주시겠다고 말씀하셨습니다. 주님의 말씀에
제 마음을 엽니다." 그런 다음 그 말씀을 묵상하십시오. 그러면
그것이 당신의 모든 스승보다 더 많은 명철을 줄 것입니다.

으뜸가는 것

내 아들아 네가 만일 나의 말을 받으며 나의 계명을 네게
간직하며 네 귀를 지혜에 기울이며 네 마음을 명철에 두며
지식을 불러 구하며 명철을 얻으려고 소리를 높이며 은을
구하는 것같이 그것을 구하며 감추어진 보배를 찾는 것같이
그것을 찾으면

잠언 2:1-4

때때로 우리는 모든 걸 너무 영적으로 해석하려고 해서 이

말씀의 의미를 놓치기도 하지만 이 말씀은 사업이 잘 되기 원하는 것보다 하나님의 말씀을 더 많이 사모해야 한다는 뜻입니다. 돈 보다 지혜를 더욱 원하는 단계에 이르게 되면 지혜를 얻게 될 것입니다.

은을 구하는 것같이 그것을 구하며 감추어진 보배를 찾는 것 같이 그것을 찾으면 여호와 경외하기를 깨달으며 하나님을 알게 되리니 대저 여호와는 지혜를 주시며 지식과 명철을 그 입에서 내심이며

잠언 2:4-6

그분의 입에서는 하나님의 말씀이 나옵니다.

근신이 너를 지키며 명철이 너를 보호하리라

잠언 2:11

지혜가 제일이니 지혜를 얻으라. 네가 얻은 모든 것을 가지고 명철을 얻을지니라

잠언 4:7

이것은 그저 육적인 지식을 말하는 게 아니라 마음의 태도를 말하는 것입니다. 명철은 마음의 기능입니다.

간음하는 자와 짐승들

여인과 간음하는 자는 무지한 자라 이것을 행하는 자는 자기의 영혼을 망하게 하며

잠언 6:32

너희는 무지한 말이나 노새같이 되지 말지어다 그것들은 재갈과 굴레로 단속하지 아니하면 너희에게 가까이 가지 아니하리로다

시편 32:9

명철이 없는 짐승처럼 행동하지 마십시오. 짐승을 다스리기 위해서는 그들의 입에 재갈을 물려 고통을 주어야 합니다. 그들이 보이는 반응은 전부 물리적인 것입니다. 당신은 마음의 소리에 귀를 기울이면 명철을 얻을 수 있습니다. 그러면 신체적으로 고통받을 필요가 없습니다.

이걸 따르지 않는 사람들이 얼마나 많은지 저는 놀랐습니다. 일이 잘못되고, 결혼생활이 무너지며, 삶의 모든 것이 파괴되고 재가 되어버릴 때까지 기다렸다가 그제야 당신의 영에 귀를 기울여 듣겠다고 하지는 마십시오. 만일 그렇게 반복적으로 습관처럼 한다면 당신은 영광에서 영광으로 올라가는 게 아니라 수렁에서 수렁으로 쉴 새 없이 추락하는 사람이 될 것입니다. 당신의 마음의

소리에 귀를 기울이십시오.

만일 당신이 간음을 행하고 있다면 명철하지 못해서 하는 짓입니다. 당신의 마음에 귀를 기울이지 않는 것입니다. 당신은 마치 말馬처럼 호르몬이 몰아가는 대로 행하는 것입니다.

말이 우둔한 동물은 아니지만 종마가 호르몬이 넘치기 시작하면 이성적으로 깨닫고 행동하지는 못합니다. 그럴 만한 이성적 작용이 없습니다. 제가 전에 말을 키워봐서 압니다. 한 번은 그 종마의 호르몬이 절정에 달하자 곧장 가장 가까운 암말에게로 달려가는데 그 누가, 그 무엇이 그의 길을 방해해도 소용없었습니다. 그 말은 호르몬과 그 암말 이외에는 그 어떤 것에도 전혀 무감각했습니다.

변화의 길

간음을 행하는 사람이 꼭 그와 같습니다. 그들의 머리는 돌아가지 않습니다. 그들은 하나님의 음성 혹은 그들의 마음에 귀를 기울이지 않습니다. 내적인 증거에 민감하지 않습니다. 하나님과의 교제에서도 벗어나 있습니다.

만일 당신이 마음이 상황을 통제하는 단계에 이르게 된다면 간음을 행하기가 불가능할 것입니다. 그와 같은 행동을 하기 전에 당신의 마음을 완전히 차단해야 합니다. 하나님과 교제하면서 그런 행동을 할 수는 없습니다. 이것은 간음에만 해당되는 게 아닙니다. 수 만 가지 일들이 다 이에 해당이 됩니다. 만일 당신이 하나님과 교제한다면, 그렇게 이기적이거나 분노하거나 인색하거나 우울할 수 없을 것입니다. 만일 당신이 정말로 하나님과 교제를 한다면, 지금 현재 당신의 모습이 될 수 없었을 것입니다.

제가 이 책에서 말씀 드린 네 가지 열쇠들은 마음을 확립시켜 주는 점진적인 단계들입니다. 첫째, 우리는 하나님과 하나님께서 우리의 인생에서 말씀하시고 행하신 것을 가치 있게 여겨야 합니다. 둘째, 우리는 감사를 해야 합니다. 여기에는 기억하는 일이 포함됩니다. 셋째, 우리의 상상력을 긍정적으로 사용해야 합니다. 그래서 이상 모든 것들을 다 실천했다면 우리의 마음은 당연히 하나님께 민감해집니다. 그러나 처음 세 가지를 실천하지 못하면, 당신의 마음이 주님께 민감해지는 것은 불가능합니다.

우리는 우리의 마음을 변화시키지 않은 채 우리의 행동을 변화시키려고 애를 씁니다. 우리의 마음은 온갖 쓰레기들로 가득 차 있고 잘못된 것들을 붙잡아 그것을 생각합니다. 하나님께 대하여 냉담하고 무감각합니다. 이것이 우리 마음의 현주소이면서 다른 결과를 원합니다. 이 문제는 그렇게 해결되지 않습니다.

제가 말씀 드린 것이 아주 쉬운 방법은 아닐지 모르지만, 하나님께서 우리를 그렇게 창조하셨습니다. 대부분의 사람들은 강단 앞으로 나아와서 안수를 받음으로, 간음을 행하고 싶은 욕정과 우울증 등을 다 던져버리고 싶어 합니다. 우리는 즉석으로 결과를 원하지, 노력을 요하는 것은 싫어합니다. 당신의 마음을 변화시켜서 확립시키는 데는 더 많은 시간과 노력이 필요하지만 일단 마음이 변화가 되면 변화된 마음에서 멀어지는 것도 시간이 걸립니다. 당신이 마음으로부터 바르게 행동하기를 시작하면 스스로 죄에 빠지는 일은 없을 것입니다. 일단 당신의 마음이 확립되면 그것이 당신을 지도하게 될 것입니다.

하나님을 영화롭게 하고, 감사를 하며, 당신의 상상력을 긍정적으로 사용함이 없이 당신의 마음을 선한 쪽으로 변화시킬 수 없습니다. 이것이 당신의 마음에 접근하는 방법입니다. 당신이 변화하는 방법이 바로 이것입니다.

결론

로마서 1장 21절에 계시되어 있는 이 과정은 거꾸로 역사하지는 않습니다. 당신은 처음부터 시작해야 합니다.

하나님을 영화롭게 하겠다고 의식적인 결단을 내리십시오. 주님과 주님께서 말씀하신 것, 그리고 주님께서 당신의 삶에서 행하신 것을 다른 어떤 것이나 사람보다 더 소중히 여기십시오. 그것들이 서로 경쟁이 되게 하지도 마십시오.

사람들의 환호를 바라면 안 됩니다. 당신의 배우자나 자녀들이나 직장을 의지해서도 안 됩니다. 하나님께 대한 당신의 사랑과 헌신이 홀로 서는 단계까지 이르러야 합니다. 설령 당신의 삶의 모든 것이 무너진다 할지라도 여전히 하나님을 존중하고, 높이며, 가장 중요시해야 합니다.

주님을 높이고 주님을 더 크게 보십시오. 주님을 찬양하고, 주님께 감사하며, 당신이 승리한 것들을 떠올리십시오. 부정적인 것들을 최소화하고, 부끄러움을 개의치 마시고, 당신 앞에 기쁨을 두며, 하나님께서 행하신 선한 일들을 바라보기 위해 의식적인 노력을 기울이십시오. 이렇게 실천하게 되면 당신의 상상력은 긍정적인 것들을 보기 시작할 것이며, 당신의 마음은 하나님께 민감해질 것입니다. 이상이 당신이 취해야 할 단계들입니다. 거기에 이르는 다른 길은 없습니다. 아주 단순합니다.

하나님께서 당신의 마음을 이렇게 만드셨습니다. 하나님께서는 당신이 그렇게 기능하도록 디자인 하셨습니다. 그것이 맘에 들지 않을지도 모릅니다. 다른 방법으로 하고 싶을지도 모릅니다. 그러나 하나님의 말씀에 의하면 주님께서 이렇게 당신을 만드셨습니다. 처음부터 이렇게 만들어 놓으셨습니다.

여기에 우선순위를 둔다면 이것이 당신의 인생을 구할 것입니다. 만일 당신의 마음에 귀를 기울이고 따른다면 당신은 초자연적인 지혜와 평안 가운데 행할 것입니다. 하나님께서 이런 것들에 대해 당신에게 말씀하실 것입니다. 하지만 당신은 배운 것을 실천해야 합니다.

당신의 마음에 귀를 기울이라

우리는 해마다 1월이면 앤드류 워맥 미니스트리 이사회를 개최합니다. 작년에 거기에 참석하려고 짐을 꾸리다가 내가 주님께 뭘 잊은 게 없는지 물어보았습니다. 당신은 이렇게 생각하실지 모릅니다. "하나님이 주신 머리를 쓰세요." 글쎄요, 저는 그게 주님을 번거롭게 하는 것이라 생각지 않습니다. 다만 주님께 생각나게 해달라고 묻는 것입니다.

사적인 이야기지만, 저는 알람을 사용하지 않습니다. 그저 주님께 깨워달라고 부탁을 합니다. 당신이 알람을 사용하는 것이 잘못이라는 말이 아닙니다. 그것으로 인해 제가 하나님의 음성을 듣는 데 방해를 받기 때문에 사용하지 않기로 선택을 한 것뿐입니다. 제가 이렇게 살기 때문에 하나님을 의지하지 않으면 안 됩니다. 한번은 놓쳐서는 안 되는 국제선 비행기에 탑승하기 위해서 겨우 두 시간만 자고 일어나야 했습니다. 저는 주님께 깨워달라고 부탁을 드렸습니다. 주님은 정확히 그대로 해주셨습니다. 당신도 꼭 이렇게 하라는 것은 아닙니다. 같은 일을 성취하는 데에도 방법은 여러 가지가 있습니다. 이것은 제가 선택한 방법일 뿐입니다. 저는 제 마음에 귀를 기울이며 주님께서는 언제나 나를 깨워주십니다. 그래서 비행기를 놓쳐본 적이 한 번도 없습니다!

그래서 그 이사회 준비를 하면서 꼭 가져가야 할 것이 또 뭐가 있는지 여쭈어보았습니다. 전에 누가 준 덴버 브랑코스Denver Broncos 슈퍼볼 챔피언 모자에 눈이 갔습니다. 이사회 멤버 중 한 분이 저 모자를 좋아할 것 같다는 생각이 들었습니다. 그게 주님의 음성이라 믿고 아무에게 아무 말도 하지 않고 그것을 짐 속에 넣었습니다.

이사회가 끝난 후 우리는 모두 집으로 돌아갈 준비를 하고 있었습니다. 차에서 작별인사를 하고 있는데 오리건 주에 사시는 이사회 멤버 중 한 분이 물었습니다. "그 브랑코스 모자를 하나 사려고 하는데 어디로 가야 하는지 아세요? 오랫동안 그것을 사려고 여기저기 두세 군데 다녀봤는데 찾을 수가 없더라고요."

제가 대답했습니다. "아, 그래요? 우연찮게도 바로 여기 제가 하나 가지고 있네요." 그러고는 그것을 그에게 주었습니다. 이 일은 저에게 격려와 힘을 주었습니다. 우리가 마음으로 귀를 기울인다면 성령님께서 많은 것들을 우리에게 알려주십니다.

저는 그 일이 성령의 은사 가운데서 역사한 것이라고 믿습니다. 만일 제가 그런 것들을 들을 수 없다면 하나님께서 "여기에 자살하려는 사람이 있다."와 같이 심각한 것을 말씀하실 때 어떻게 그걸 듣겠습니까? 말씀 묵상 시간에만 하나님의 음성을 듣고 나머지 시간에는 육신적으로 행하지 마십시오. 삶을 그런 식으로 나누는 것은 옳지 않습니다.

이제 어떻게 할 것입니까?

당신이 어떤 일에 종사하든지, 하나님께서는 도우십니다. 하나님은 당신의 직업을 더 잘 감당하게 도우십니다. 어디에 실수가 있는지 알려 주시고 일이 잘 돌아가도록 해주십니다. 운전사라면 더 나은 운전사가 되도록 도우십니다. 언제 일거리가 생기는지도 하나님께서 알려 주십니다. 당신이 하나님께 민감하여 그 음성을 들으면 모든 일을 지금보다 더 잘 할 수 있습니다.

우리의 삶의 전 영역을 육신적으로 기능함으로써 우리는 인생을 망쳐버렸습니다. 하나님께서는 우리가 그런 식으로 기능하도록 만들지 않으셨기 때문입니다.

당신의 마음에 귀를 기울이기 시작할 때 당신은 하나님께서 당신을 통해 하실 일에 깜짝 놀라게 될 것입니다. 이것이 가장 쉬운 길은 아니지만 가장 좋은 길입니다. 당신의 마음을 세우기만 하면 됩니다. 아주 간단합니다.

만일 당신이 하나님의 충만함을 유지하기 위한 이상 네 가지 열쇠를 받아들여 그것을 당신의 매일의 삶에서 실천해 나간다면 급진적인 변화를 경험할 것입니다. 이것으로 인해 당신의 인생이 완전히 변화될 것입니다. 하지만 모든 것은 당신이 이것을 실천하느냐에 달려있습니다. 당신이 지금까지 배운 것에 얼마만한 가치를 부여하시겠습니까? 그 결정은 오직 당신만이 할 수 있습니다.

예수님을 구주로 영접하는 기도

예수 그리스도를 구세주로 영접하는 선택은 우리가 평생 내리는 결정 중에 가장 중요한 결정입니다!
하나님의 말씀은 이렇게 약속하고 있습니다.

> 네가 만일 네 입으로 예수를 주로 시인하며 또 하나님께서 그를 죽은 자 가운데서 살리신 것을 네 마음에 믿으면 구원을 받으리라 사람이 마음으로 믿어 의에 이르고 입으로 시인하여 구원에 이르느니라   로마서 10:9-10

> 누구든지 주의 이름을 부르는 자는 구원을 받으리라
>   로마서 10:13

하나님께서는 그분의 은혜로, 우리에게 구원을 주시기 위한 모든 일을 이미 다 마무리 해놓으셨습니다. 이제 우리의 할 일은 단지 믿고 받아들이는 것뿐입니다.

이렇게 소리 내어 기도하십시오. "예수님, 예수님이 나의 주님이시며 나의 구원자이심을 고백합니다. 나는 내 마음으로 하나님께서 예수님을 죽은 자 가운데서 살리신 것을 믿습니다. 나는 하나님의 말씀을 믿음으로써 지금 구원을 받습니다. 저를 구원해 주셔서 감사합니다."

예수 그리스도께 인생을 맡기는 바로 그 순간 그 말씀의 진리가 즉시 영 안으로 들어갑니다. 이제 당신은 거듭났으므로 완전히 새로운 사람이 된 것입니다.

새로운 삶을 얻게 된 것을 진심으로 축하하고 환영합니다!

성령세례를 받는 기도

당신을 사랑하시는 하늘 아버지께서는 하나님의 자녀가 된 당신에게 앞으로 새로운 삶을 사는 데 필요한 초자연적인 능력을 주고 싶어 하십니다.

구하는 이마다 받을 것이요 찾는 이는 찾아낼 것이요 두드리는 이에게는 열릴 것이니라 … 하물며 너희 하늘 아버지께서 구하는 자에게 성령을 주시지 않겠느냐

누가복음 11:10-13

이제 할 일은 구하고, 믿고, 받는 것뿐입니다!

이렇게 기도하십시오. "아버지, 이 새로운 삶을 살기 위해서는 나에게 하나님의 능력이 필요함을 깨닫습니다. 저를 성령으로 채워 주세요. 이 순간, 나는 믿음으로 성령을 받습니다! 나에게 성령세례를 주시니 감사합니다! 성령님을 저의 삶에 초청합니다. 성령님을 환영합니다!"

축하합니다! 이제 당신은 하나님의 초자연적인 능력으로 충만해졌습니다!

무슨 말인지 모르는 언어가 마음속에서부터 입으로 솟아오를 것입니다(고전 14:14). 그것을 믿음으로 크게 말할 때 하나님의 능력이 안에서부터 흘러나와 당신을 영적으로 세워 줄 것입니다(고전 14:4). 이제 언제 어디서든지 원할 때마다 방언으로 기도할 수 있습니다.

주님을 영접하는 기도를 했을 때 그리고 주님의 성령을 받기 위해 기도했을 때 무엇을 느꼈든 아니면 아무것도 느끼지 못했든 그것은 전혀 중요하지 않습니다. 받은 줄로 마음에 믿으면 받은 것이라고 하나님의 말씀이 약속합니다.

> 그러므로 내가 너희에게 말하노니 무엇이든지 기도하고 구하는 것은 받은 줄로 믿으라 그리하면 너희에게 그대로 되리라
> 마가복음 11:24

하나님은 언제나 그분의 말씀을 지키십니다. 그것을 믿으십시오!

저자 소개

1968년 3월 23일 하나님의 초자연적인 사랑을 대면한 뒤, 앤드류 워맥의 삶은 완전히 변화되었습니다. 저명한 교사이자 저자인 앤드류 워맥의 사명은 세상이 하나님을 보는 관점을 바꾸는 것입니다.
그의 비전은 복음을 가능한 한 널리 그리고 깊게 전하는 것입니다.
그의 메시지는 TV 프로그램 '복음의 진리Gospel Truth'를 통해 거의 전 세계 인구의 반 이상이 볼 수 있는 상태로 널리 전해지고 있습니다. 또한 콜로라도 우드랜드 파크에 위치해 있는 캐리스 바이블 칼리지 Charis Bible College를 통해 깊게 전해지고 있습니다. 1994년 설립된 캐리스는 이제 미국 전역과 전 세계에 분교를 세워가고 있습니다.
앤드류 워맥 목사의 설교 자료는 책과 음원 그리고 영상으로 제작되어 있으며 앤드류 워맥 미니스트리 홈페이지에 무료로 제공되어 있습니다.

연락처
앤드류 워맥 미니스트리 Andrew Wommack Ministries
홈페이지 www.awmi.net
이메일 info@awmi.net
719-635-1111

캐리스 바이블 칼리지 Charis Bible College
홈페이지 www.charisbiblecollege.org
이메일 admissions@awmcharis.com
844-360-9577

믿음의말씀사 출판물

구입문의 : 031-8005-5483 http://faithbook.kr

■ 케네스 해긴의「믿음 도서관」책들
- 새로운 탄생
- 재정 분야의 순종
- 나는 지옥에 갔다 왔습니다
- 하나님의 처방약
- 더 좋은 언약
- 예수의 보배로운 피
- 하나님을 탓하지 마십시오
- 네 주장을 변론하라
- 셀 모임에서 성령인도 받기
- 안수
- 치유를 유지하는 법
- 사랑은 결코 실패하지 않습니다
- 하나님께서 내게 가르쳐 주신 형통의 계시
- 왜 능력 아래 쓰러지는가?
- 다가오는 회복
- 잊어버리는 법을 배우기
- 위대한 세 단어
- 하나님의 은사와 부르심
- 그 이름은 "놀라우신 분"
- 우리에게 속한 것을 알기
- 성령을 받는 성경적인 방법
- 하나님의 영광
- 은혜 안에서의 성장을 방해하는 다섯 가지
- 사랑 가운데 걷는 법
- 바울의 계시: 화해의 복음
- 당신은 당신이 말하는 것을 가질 수 있습니다
- 그리스도 안에서
- 말
- 방언기도의 능력을 풀어 놓으라
- 옳은 사고방식 틀린 사고방식
- 속량 - 가난, 질병, 영적 죽음에서 값 주고 되사다
- 네 염려를 주께 맡겨라
- 예언을 분별하는 일곱 단계
- 절망적인 상황을 반전시키기
- 당신의 믿음을 풀어 놓는 법
- 진짜 믿음
- 믿음이란 무엇인가
- 그리스도께서 지금 하고 계시는 일
- 충분하고도 넘치는 하나님 엘 샤다이
- 금식에 관한 상식
- 하나님의 말씀 : 모든 것을 고치는 치료제
- 가족을 섬기는 법
- 조네
- 당신이 알아야 하는 신유에 관한 일곱 가지 원리
- 여성에 관한 질문들
- 인간의 세 가지 본성
- 몸의 치유와 속죄
- 크게 성장하는 믿음
- 하나님 가족의 특권

- 기도의 기술
- 나는 환상을 믿습니다
- 병을 고치는 하나님의 말씀
- 영적 성장
- 신선한 기름부음
- 믿음이 흔들리고 패배한 것 같을 때 승리를 얻는 법
- 믿음의 선한 싸움을 싸우는 법
- 하나님의 계획과 목적과 추구
- 예수 열린 문
- 믿음의 계단
- 당신을 향한 하나님의 계획
- 역사하는 기도
- 기름부음의 이해
- 내주하시는 성령 임하시는 성령
- 재정적인 번영에 대한 성경적 열쇠들
- 어떻게 하나님의 영으로 인도받을 수 있는가?
- 마이더스 터치
- 치유의 기름부음
- 그리스도의 선물
- 방언
- 믿는 자의 권세(생애기념판)
- 믿음의 양식
- 승리하는 교회

■ E. W. 케년
- 십자가에서 보좌까지 무슨 일이 일어났는가?
- 두 가지 의
- 놀라우신 그 이름 예수
- 하나님 아버지와 그분의 가족
- 나의 신분증
- 두 가지 생명
- 새로운 종류의 사랑
- 그분의 임재 안에서
- 속량의 관점에서 본 성경
- 두 가지 지식
- 피의 언약
- 숨은 사람
- 두 가지 믿음
- 새로운 피조물의 실재

■ 스미스 위글스워스
- 스미스 위글스워스의 천국
- 스미스 위글스워스의 매일묵상
- 위글스워스는 이렇게 했다
- 스미스 위글스워스의 능력의 비밀

■ T. L. 오스본
- 행동하는 신자들
- 기적 - 하나님 사랑의 증거
- 새롭게 시작하는 기적 인생

- 좋은 인생
- 성경적인 치유
- 능력으로 역사하는 메시지
- 100개의 신유 진리
- 24 기도 원리 7 기도 우선순위
- 하나님의 큰 그림
- 긍정적 욕망의 힘
- 당신은 하나님의 최고의 작품입니다

■ 잔 오스틴
- 믿음의 말씀 고백기도집
- 하나님의 사랑의 흐름
- 견고한 진 무너뜨리기
- 초자연적인 흐름을 따르는 법
- 당신의 운명을 바꿀 수 있습니다
- 어떻게 하나님의 능력을 풀어놓을 수 있는가?

■ 크리스 오야킬로메
- 여기서 머물지 말라
- 이제 당신이 거듭났으니
- 당신의 인생을 재창조하라
- 이 마차에 함께 타라
- 그리스도 안에 있는 당신의 권리
- 성령님과 당신
- 성령님이 당신 안에서 행하실 일곱 가지
- 성령님이 당신을 위해 행하실 일곱 가지
- 기적을 받고 유지하는 법
- 하나님께서 당신을 방문하실 때
- 올바른 방식으로 기도하기
- 당신의 믿음을 역사하게 하는 법
- 끝없이 샘솟는 기쁨
- 기름과 겉옷
- 약속의 땅
- 하나님의 일곱 영
- 예언
- 시온의 문
- 하늘에서 온 치유
- 효과적으로 기도하는 법
- 어떤 질병도 없이
- 주제별 말씀의 실재
- 마음의 능력

■ 앤드류 워맥
- 당신은 이미 가졌습니다
- 은혜와 믿음의 균형 안에 사는 삶
- 하나님은 당신이 건강하기 원하십니다
- 영 · 혼 · 몸
- 전쟁은 끝났습니다
- 믿는 자의 권세
- 새로운 당신과 성령님
- 노력 없이 오는 변화
- 하나님의 충만함 안에 거하는 열쇠
- 더 좋은 기도 방법 한 가지
- 재정의 청지기 직분
- 하나님을 제한하지 마라

- 하나님의 뜻을 발견하고 따라가며 성취하라
- 하나님의 참 본성
- 하나님의 최선 안에 사는 법
- 더 큰 은혜 더 큰 은총
- 리더십의 10가지 핵심요소

■ 기타 「믿음의 말씀」 설교자들
- 성령의 삶 능력의 삶
- 복을 취하는 법
- 주는 자에게 복이 되는 선물
- 믿음으로 사는 삶
- 붉은 줄의 기적
- 당신이 말한 대로 얻게 됩니다
- 예수−치유의 길 건강의 능력
- 성령 안의 내 능력
- 존 G. 레이크의 치유
- 믿음과 고백
- 임재 중심 교회
- 성령충만한 그리스도인의 지침서
- 열정과 끈기
- 제자 만들기
- 어떻게 교회를 배가하는가
- 운명
- 모든 사람을 위한 치유
- 회복된 통치권
- 그렇지 않습니다
- 당신의 자녀를 리더로 훈련하라
- 오순절 운동을 일으킨 하나님의 바람
- 주일 예배를 넘어서
- 신약교회를 찾아서
- 내가 올 때까지
- 매일의 불씨
- 여성의 건강한 자아상

■ 김진호 · 최순애
- 왕과 제사장
- 새로운 피조물의 실재
- 믿음의 반석
- 새 언약의 기도
- 새로운 피조물 고백기도집(한글판/한영대조판)
- 성령 인도
- 복음의 신조
- 존중하는 삶
- 성경의 세 가지 접근
- 말씀 묵상과 고백
- 그리스도의 교리
- 영혼 구원
- 새로운 피조물
- 믿음의 말씀 운동의 뿌리
- 1인 기업가 마인드
- 내 양을 치라
- 새사람을 입으라